もう献立に悩まない

今日から使える献立の決め方、
作り方、時短ワザまで

高木ゑみ
Emi Takagi

マガジンハウス

肉は部位を知ると、レパートリーが一気に広がる！

スーパーの肉コーナーに行くと、鶏・豚・牛で、それぞれ多彩な部位が売られています。「たくさんあるから迷う」けれど、それぞれにまんべんなくレパートリーができたら、もう迷いません。

→P28

タレ、ソース、ドレッシングを制すれば、味つけがすぐ決まる

食材を買い込んでいざ調理！　でも味つけが決まらず、右往左往。濡れた手でレシピ本をめくったり……。和、洋、中の登場率の高いタレ、ソース、ドレッシングがあれば、たちどころにでき上がり!

→P94

あなたをいつも助ける「名のない副菜」

メインは決まっても、副菜をどうするか悩むという人へのアドバイス。お店のように「ラタトゥイユ」や「バンバンジー」と献立を名前で設定してしまうと、同時調理がプレッシャーですよね。冷蔵庫にあるもので即興、と考えると気がラクになります。

→P46

余りもの同士を
組み合わせるだけ！

シャキシャキほうれん草（P.82）

しらす

「生・茹・炒・煮・揚」で同じ食材が変幻自在に

生　浅漬け

茹　ごま和え

炒　バジル炒め

煮　オランダ煮

揚　揚げなすのカレー

1本のなすをどう生かすか、調理法で考えてみてください。「生」は塩もみや浅漬け、「茹」はごま和えやサラダ、「炒（焼）」はバジル炒めや麻婆なす、「煮」はオランダ煮や煮浸し、「揚」はトッピングの揚げなすや天ぷら……。困った時の思考法です。

→P17

切る・茹でるは、一度にまとめて行うこと

料理はモチベーションが大切です。やる気を維持するために、面倒なことは少なくしましょう。野菜や食材の下ごしらえは、できるだけまとめて行うと、湯沸かし、まな板洗いなど、1度で済みます。料理上手の基本はここから。

→P77

「一歩手前」が、忙しい日々に余裕を作る

昨今何かと話題の「作り置き」。しかし、時間が経つにつれて食感や風味が損なわれがち……。その日に食べたい料理をできるだけおいしく食べてもらうために、下ごしらえしたり、簡単な下味つけをしておくのが「一歩手前」料理です。

→P78

ピンチを劇的に救う「ご飯の友」&「缶詰」

忙しいと、下ごしらえもままならず、外食や買ってきたお弁当で済ませがちですよね? そんな時は、冷蔵庫やパントリーにある瓶詰めの「ご飯の友」や「缶詰」でぱぱっとアレンジ。おいしい食べ方や活用法を知っておくと、ピンチに強くなります。

→P116

もう献立に悩まない　もくじ

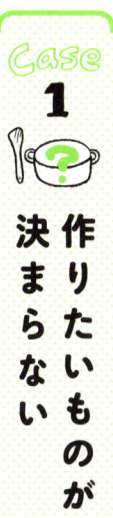

Case 2 作る時間がない

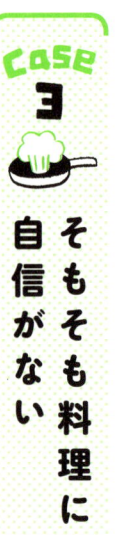

はじめに

「きょうのご飯、何にしよう？」

献立を決める時、どんなことを考えていますか？

「旬の◯◯◯を食べたい」
「きのうはお肉だったから、魚にしようかな」
「お店で食べた△△△を作ってみよう！」

そんなふうにポジティブな気持ちで毎日作り続けられる人は、
一体どのくらいいるのでしょう。

「スーパーに買い物に行く時点で、すでに憂うつ」

「パパッとできるものだと、いつもと同じ味つけで代わり映えがしない！」

「週末だけなら、本当はきちんとできるんだけど……」

「子どもに、おばあちゃんに、作り分けが正直しんどい」

と、リアルな心の声はそれぞれ。
ギリギリ今日の夕飯に間に合ったはいいものの、
家族からの「おいしい！」の声はなく、手ごたえもなし。

「なんとかしなくちゃ」と重い腰を上げて
本屋さんの料理本コーナーに行けば、
たくさんの料理研究家やプロたちの、自慢のレシピをおさめた本がズラリ。

自分が「コレ！」と思った一冊を手にとって、
何十、何百とあるレシピの中から、今夜食べたいものを決めてみる。
いざ、台所で料理を始めたものの、ハードル高し！
時間と労力ばかりかかって続かず、1週間後はまた迷路に逆戻り。

インターネットやスマホなら、「キーワード」×「レシピ」で検索すれば、
自宅にいながら、一瞬のうちに何千レシピと出てくるけど、
自分に向いているものを探し出すのに多すぎて決められないことも……。

どんなアプローチにせよ、
ネガティブな気持ちで献立に悩む時間は、「もったいない！」の一言です。

そのマイナス思考は、毎日続くあなたの家の献立はおろか、
家事の取り組み方、家庭の雰囲気、果ては人生全体に

影響を及ぼすといっても過言ではありません。

自分の中で「献立のルール」ができていないと、献立の検索はずっと繰り返しで、ゴールのない、辛いリレーになるだけ。

献立は、もっと自由で、楽しみなものです。

立派な材料がなくても、作る時間がたっぷりなくても、レシピ本を見なくても、
あなたの手は、何でも作り出せる力があります。

「まるで罰ゲームのような、苦い顔をして作る献立」も、
「作る過程すらおいしく思える、幸せに満ちた献立」も、
あなたのモチベーション次第なのです。

本書は、献立を組み立てる発想、ラクできる工夫があるレシピ、そして今日からすぐにできることを基本に**「もう献立に悩まない」**ためのルールが詰まっています。

CASE1は、献立の糸口を見つける楽しい方法から、メインが一発で決まる「メインおかず最強シート」、ラクな副菜の考え方などを紹介。

CASE2は、作り置きを見つめ直して考えた、高木流の「一歩手前料理」。これさえ冷蔵庫にあれば、どんなに忙しい日でも時短になり、無限の組み合わせで料理を作ることができます。また、いざという時に活躍するストックの活用術も。

CASE3は、そもそも料理の基礎に自信がない人に向けて、調理のコツ

から、米の炊き方、だしのとり方、料理の腕を上げてくれる調味料などをやさしく解説しています。

また、CASE1と2の最後には、**高木家の1週間献立**を掲載しています。

どうしても決まらない時は、これをそのままマネしてみてください。

食材を次の日につないでいくコツ、バリエーションの広げ方が自然と身につきますよ。

毎日の献立作りは、人生のリレー。

楽しく走り続ける方法は、どんな人にも必ずあります！

「これをやってみようかな」と思えることから、ぜひ試してみてください。

この本が、料理を楽しく作るウォーミングアップになりますように。

ブックデザイン　原田恵都子（ハラダ＋ハラダ）
イラストレーション　前田はんきち
口絵撮影　曽根川晶子
エグゼクティブプロデューサー　谷口元一（株式会社ケイダッシュ）

Case 1

作りたいものが決まらない

買い物に迷ったら、旬の食材を買う

頭の中で、「アレにしよう、コレにしよう」と考える時間は余裕があれば楽しいもの。だけど、「自分や家族が食べたいもの」×「調理の所要時間」×「食費の予算」などを天秤にかけ始めると頭がいっぱいになり、憂うつに……。

献立を決める糸口は、過去に作ったものを思い出したり、本やインターネットで探したりといろいろありますが、**きちんと決め込まずに、「とりあえずスーパーへ行ってみる」ことが近道になります。**

お店に入ると、たくさんの食材を目にするので、忘れかけていたメニューがすると出てくることも。**それでも迷ったら、旬の食材を探してみること。**そのたったひとつの〝メガネ〟をかけてスーパーを歩くだけで、食べたいものがおのずと見えてくるはずです。

旬の野菜や魚は栄養価も高く、安価で手に入るのも嬉しいポイント。そのように旬目線で考えると、買い物も楽しくなりませんか？

旬の食材一覧表

春

春キャベツ、新玉ねぎ、新にんじん、新じゃがいも、セロリ、アスパラ、クレソン、さやえんどう、グリーンピース、たけのこ、そら豆、菜の花、パセリ、うど、山菜、いちご、オレンジ、キウイ、グレープフルーツ、イサキ、サワラ、しらす、あさり、ひじき、わかめ

夏

トマト、なす、きゅうり、ピーマン、パプリカ、オクラ、かぼちゃ、ズッキーニ、ゴーヤ、枝豆、とうもろこし、にんにく、しそ、みょうが、新しょうが、カツオ、タコ、カジキ、アジ、イワシ、マンゴー、メロン、スイカ、イチジク、もも、ゆず、夏みかん、パイナップル

秋

ごぼう、にんじん、さつまいも、里いも、ちんげん菜、かぶ、くわい、エリンギ、えのき、しいたけ、しめじ、なめこ、松茸、マッシュルーム、ぎんなん、サンマ、鮭、サバ、カレイ、ナシ、柿、ぶどう、りんご、栗、小豆、ごま、そば

冬

カリフラワー、春菊、せり、大根、長ねぎ、白菜、ブロッコリー、芽キャベツ、百合根、れんこん、アンコウ、ウナギ、タラ、ブリ、ししゃも、ヒラメ、ニシン、ワカサギ、フグ、カキ、カニ、タラコ、海苔、いよかん、はっさく、みかん、国産レモン

スーパーは最初に肉コーナーを攻める！

料理教室に来られる生徒さんの中には、まったく料理をしたことがないという人もいらっしゃいます。そんな人は、買い物の順序から変えてみましょう！

スーパーはいうなれば、「食材の迷路」。入り口に野菜、果物売り場があり、中央には乾物やドレッシング、調味料、油、お菓子などの棚。そして、一番奥には肉、魚売り場がところ狭しと並んでいます。

メインの食材となる肉は、年齢性別にかかわらず人気で、毎日の献立を作るうえでなくてはならない必須の食材。その**肉売り場が一番奥にある理由は、スーパーでできるだけたくさんの商品を見てもらい、買ってもらうためです。**途中の売り場で捕まってウロウロしてしまうと、本来メインとなるべき主食材よりも、副菜や緊急性のない買い置きなどから買うかどうかを悩んでしまいます。

すると、**スーパーのレイアウト順の買い物で、スムーズに献立が決まるでしょうか？**

「旬の菜の花、おいしそう！　何と食べよう？　魚介と一緒に炒め煮？　あ

れ、ところでメインは何にするんだっけ？」。そして、メインの肉コーナーでカレーにしよう！　と決まったら、副菜はもう少しさっぱりとしたものに変えようかな、そんな迷いが出ることに。

まず、一番奥にある「肉（魚）コーナー」から攻めると、メインが決まって買い物に無駄がなくなり、時短にもなりますよ。

生・茹・炒・煮・揚はバランスよく

食材を選ぶ時、「どうやって料理しよう？」と考えるのはみんな同じだと思います。たいてい以前に作ったことがある料理の中から決めることが多く、そうすると自身のレパートリーが広がることはありません。そんな時は**調理方法で考えるとマンネリ防止に役立ちます！**　たとえば、なす。いつもは炒めものかカレーの具材にしか使っていなかったけど、違った視点でなすを見ると、何通りものおかずに大変身！

❶ **生**……塩もみ　浅漬け　ぬか漬け

繰り返し作るものを、ひとつふたつと増やしていきましょう!

❷ **茹でる・蒸す**……茹でなす　蒸しなすのごま和え　サラダ

❸ **炒める**……麻婆なす　バジル炒め

❹ **焼く**……焼きなすのポン酢かけ　みそ焼き

❺ **煮る**……オランダ煮　ピリ辛煮

❻ **揚げる**……天ぷら　チーズはさみ揚げ　揚げ浸し　カレーのトッピング

なんと、15種類以上ものおかずの選択肢があるのです。「そんなにあっても決められない……」という心配は無用！　ポイントは**献立の中で調理法が重ならないように気をつけること。**たとえば、いもとそぼろ煮、魚の煮つけ、みそ汁、なすの煮浸し、ご飯という献立だと、汁気が多すぎますよね(笑)。一品くらいはにんじんのきんぴらや生サラダにするなど、変化があったほうがバランスも良くなります。

「調理法で考える」という考え方は、迷った時のクセにしておくとよいでしょう。

まずは「メインおかず最強シート」

息子が保育園に入園した時、1か月分の献立表が配られて、それを見て驚きました！　カロリーも塩分も記載されており、栄養バランスも良く、飽きずに楽しく食べられる料理の数々……。こういうのが、区から各家庭用に「あなたの夕食用」として配られたら、**もう献立に悩まないな〜**と思うほどでした(笑)。

家庭ではバランスよく献立を立てながら、なおかつ冷蔵庫にある限られた調味料を使い、中途半端に残った野菜なども使いきらないと家計も大変なことに。また、すべてが時間や手間がかかるメニューだったら、一食作り終えるだけでもヘトヘト。

完璧な献立表を作らなくても、やはりある程度決まっているととってもスムーズに調理に取りかかれますし、「夕飯どうしよう！」と悩まなくなると、日々心の奥にあるモヤモヤもスッキリ解消！　私はスーパーの特売日をよくチェックして、安い時を狙って買い物に行くこともあります。すぐに使わない時は冷凍したり、下味をつけて日持ちを長めたりもします。

献立はまず、メインを決めるところから始まります。そのためにも、自分の作れる料理や、今後挑戦してみたいメニューをリストアップ。

これまで解説したように、部位、調理法を意識してみると、案外いろいろなおかずがあるものです。まずは**巻末・P182のシートに、自分がよく作るメインおかずを部位別（魚は種類別）に書き出してみましょう。**

一度リストアップさえしてしまえば、あとは「今日、何を作るか」が一目瞭然！

家族のスケジュールと照らし合わせて、その日作れる献立を組んでいけばいいのです。家族がバラバラで食事をする時は、温めて食べられる煮込み料理をあらかじめ作っておいたり、みんながそろう日は揚げものにしたり、時間がある日は新しいメニューを考えて挑戦すると決めると（そんな時はシートに追記してくださいね！）、ぐんぐんと料理の幅も広がっていきます。

メインおかず最強シートの記入例

	豚肉					鶏肉				その他		
調理法／部位	ロース・肩ロース	ヒレ	バラ	もも	挽き肉	手羽元・手羽先	むね・ささみ	もも	挽き肉	合挽き肉	こま肉	ハム・ソーセージ
生（そのまま）												サンドイッチ
茹でる・蒸す	しゃぶしゃぶ		白菜の重ね蒸し		シュウマイ		バンバンジー	カオマンガイ				
炒める・焼く	しょうが焼き		もやしと卵の炒め、アスパラの肉巻き		餃子				つくね	ハンバーグ（和風・洋風）、ピーマンの肉詰め	肉野菜炒め	
煮る	カツ丼							親子丼		そぼろ肉じゃが、煮込みハンバーグ		ポトフ
揚げる	トンカツ	ヒレカツ			肉団子の甘酢あん、春巻き			唐揚げ		れんこんのはさみ揚げ、メンチカツ		

今まで縁のなかった部位→レパートリーを広げるチャンス！

得意な部位は、冷凍買い置きしておくと、いざという時に安心です。

	牛肉					魚						
調理法／部位	ロース・肩ロース	サーロイン・ヒレ	すね	もも・バラ	挽き肉	鮭	イワシ	アジ	サバ	ブリ		
生（そのまま）						サーモンのサンドイッチ	刺身	なめろう				
茹でる・蒸す										ブリしゃぶ		
炒める・焼く	バター焼き	ステーキ		ローストビーフ、ねぎの甘辛炒め、チンジャオロースー	牛ハンバーグ					照り焼き		
煮る	すき焼き、アスパラの肉巻き		トマト煮込み		ドライカレー		しょうが煮、梅煮					
揚げる					肉団子の甘酢あん、春巻き	南蛮漬け	しそロールフライ	アジフライ		ブリフライ		

茹でたり、蒸したりする料理を開拓できる！

そのほかよく使う食材は、自由に記入してください。

記入できるシートは、P182へ！

レシピ本に頼らなくなる67の味つけ

煮ものも焼きものも、いつも砂糖にしょうゆ、酒、みりん。サラダは昔から愛用しているドレッシング……。もちろんおいしいけれど、一辺倒な味つけを繰り返して、なんだかマンネリ。冷蔵庫のポケットは使いきれない調味料のボトルで大混雑。そんな人へ、迷った時のお助け早見表です。**調味料の組み合わせを覚えていけば、レシピ本の材料を探したり、調理中の濡れた手でネット検索することから解放されます。**どれも初心者の方におすすめの味つけなので、まずは冷蔵庫にある食材で試してみてください。

和洋中の登場率の高い味つけバリエーションを挙げてみましたが、エスニックやノンオイル調味料、ディップソースなど、**お好みの味つけを見つけてチェックしておくと、自分の味つけを俯瞰できます。**そして、**この表を開くだけで今日のメニューがぱっと決められてとっても便利ですよ！**

ごまダレ	みりん1・しょうゆ1・練りごま1
おろしダレ	大根おろし2・酢2・しょうゆ1・みりん1

洋風ダレ　生野菜、魚介のフライなどに…

洋風タルタル	マヨネーズ1カップ・茹で卵1個・玉ねぎ(みじん切り)¼個・コルニッション(みじん切り)2本・パセリ2枝
ごまマヨネーズ	マヨネーズ4・練りごま1・はちみつ0.2
即席アイオリソース	マヨネーズ⅓カップ・牛乳小さじ1〜2・にんにく(すりおろし)1かけ・塩こしょう各少々

中華ダレ　中華おかずの調味、蒸した鶏肉や魚にも…

油淋鶏ダレ	長ねぎ(みじん切り)適量・しょうゆ3・酢2・砂糖2・紹興酒1・ごま油1
バンバンジーダレ	白ねりごま3・しょうゆ3・砂糖1.5・酢1.2・ラー油0.8
即席怪味ソース	マヨネーズ大2・しょうゆ大1・ごま油、ラー油、すりごま各小さじ¼・豆板醤小½・砂糖、酢各大1

ドレッシング　朝食や副菜のサラダにかけて…

フレンチドレッシング	オリーブオイル2・レモン汁1・白ワインビネガー0.2
バルサミコドレッシング	オリーブオイル3・バルサミコ酢1
中華ドレッシング	ごま油3・酢1
シーザードレッシング	マヨネーズ3・牛乳3・レモン汁0.5・粉チーズ1.5・にんにく(すりおろし)、黒こしょう各適量
和風ドレッシング	好みの油3・酢1・しょうゆ少々
ヴィネグレットドレッシング	マスタード1・白ワインビネガー2〜3・油8
アンチョビドレッシング	オリーブオイル2・レモン汁1・白ワインビネガー0.2・アンチョビー1枚
ポン酢オリーブオイル	オリーブオイル3・ポン酢1

※好みで黒こしょう、玉ねぎのすりおろしやみじん切り、しょうゆ、にんにくを加えてください。
※数値は比率なので、食材の量に合わせて加減してください。「大」「小」とあるものは、さじで計量してください。

応用自在！味つけの早見表

塩アレンジ	揚げもの、焼き野菜などの仕上げに…
カレー塩	カレー粉1・塩2
山椒塩	山椒0.8〜1・塩3
ハーブ塩	ハーブミックス0.5・ガーリックパウダー0.5・塩2
シトラス塩	塩1・レモンやライムの皮少々 ※皮は、ラップをせずにレンジにかけるとパラパラになる

炒めもの、焼きもの	肉や野菜の味つけに…
照り焼き	しょうゆ1・酒1・みりん1
しょうが焼き	しょうゆ3・みりん3・酒3・しょうがの絞り汁適量
きんぴら	唐辛子適量・砂糖1・しょうゆ2・みりん1＋ごま油(仕上げ)0.3
中華風炒め①	オイスターソース1・紹興酒1・しょうゆ1・ 砂糖0.3・おろしにんにく0.1
中華風炒め②	酒溶きウェイパー3・塩こしょう適量(好みで・おろしにんにく0.5)
韓国風炒め	牛ダシ粉末1・酒1・ごま油2

和風ダレ	野菜、揚げもの、和えものなどに…
マヨネーズ	卵黄1個・マスタード 黄身と同じ大きさ・ 白ワインビネガー小2・サラダ油½カップ・塩こしょう適量
和風タルタル	マヨネーズ大6・茹で卵1個・玉ねぎ(みじん切り)⅙個・ らっきょう(みじん切り)大1・福神漬け(汁も)大1・パセリ少々
ぽん酢しょうゆ	しょうゆ10・酢10・柑橘絞り汁10・みりん1
ごまみそ	白みそ3・魔法の昆布水(P148)3・すりごま1・豆板醤0.5
わさびじょうゆ オリーブオイル	オリーブオイル3・しょうゆ1・わさび1センチ
バターじょうゆ	溶かしバター3・しょうゆ1
みそマヨ	マヨネーズ8〜9・みそ1・砂糖ひとつまみ・七味唐辛子適量

合わせ酢	酢飯、野菜、ピクルスなどに…
甘酢	酢1カップ・酒¼カップ・水⅓カップ・砂糖大2・塩少々 ※ひと煮立ちさせる
二杯酢	しょうゆ1・酢1 ※ひと煮立ちさせる
三杯酢	しょうゆ1・酢1・みりん1 ※ひと煮立ちさせる
なます酢	だし3・酢2・みりん1・塩少々
ごま酢	すりごま5・だし3・砂糖2・しょうゆ1・酢0.5 ※すり鉢でする
すし酢	酢4・砂糖2・塩1

その他 使えるもの	
茶碗蒸し液	卵1個・だし¾カップ・薄口しょうゆ小さじ1
お浸し液	だし15・薄口しょうゆ1・みりん1
煮魚の煮汁	だし2・酒2・水2・みりん1・しょうゆ1
炊き込みご飯の素	だし10・酒1・薄口しょうゆ1
煮物の煮汁	水(だし)＋酒8・しょうゆ1・砂糖(みりん)1
めんつゆ	しょうゆ1・みりん1・水5＋鰹節(全体量600mlに対し10g) ※ひと煮立ちさせてこす
お弁当の卵焼き	卵3個・だし大3・砂糖大1・みりん大1・ 塩少々・しょうゆ小さじ¼
だし巻きの卵焼き	卵4個・だし大4・薄口しょうゆ小1・みりん小2・塩少々
肉じゃがの煮汁	だし2カップ・砂糖大2・酒大1・みりん大2・しょうゆ大4
青菜の煮物	みりん大1・薄口しょうゆ1
乾物の煮汁	だし10・しょうゆ1・みりん1
みそ汁	みそ1・だし15

マリネ液	野菜や魚を漬けておくだけ…
万能マリネ液	砂糖1・酢2・しょうゆ2・油2
和風マリネ液	みりん1・しょうゆ1
酢のもの	酢1・薄口しょうゆ1・みりん1
鶏肉のマリネ	オリーブオイル3・白ワイン2・レモン汁0.5・塩こしょう適量・ローズマリー1枝・タイム2枝
南蛮酢	だし7・酢3・みりん1・薄口しょうゆ1・砂糖0.5 ※ひと煮立ちさせる
素揚げ野菜	めんつゆ10・しょうが（すりおろし）1・にんにく（すりおろし）1
味つけ卵	しょうゆ10・みりん10・砂糖1（好みで・酢2）
野菜の酢漬け	ワインビネガー3・水1
ピクルス	酢大4・水大3・塩大½・砂糖大2・黒粒こしょうひとつまみ・ローリエ1枚・クローブ1本 ※ひと煮立ちさせる
カレーマリネ	好みの油1・酢2・砂糖1・レモン汁1・カレー粉0.6・塩適量
エスカベッシュ	オリーブオイル3・ワインビネガー1・レモン汁1・粒マスタード0.5
唐揚げマリネ	卵黄1・しょうゆ2・みりん1・酒1・しょうが、にんにく（すりおろし）適量

和え衣	茹で野菜（にんじん、青菜など）や豆腐と和えて…
白和え	水きり豆腐1丁・くるみ100g・砂糖大さじ2・薄口しょうゆ小さじ1
ごま白酢和え	水きり豆腐1丁・すりごま大さじ4・砂糖大さじ2・酢大さじ2・しょうゆ小さじ1〜1.5
ごま和え	すりごま4・しょうゆ1.5・砂糖1.5
ごま酢和え	すりごま3・しょうゆ1・砂糖1・酢0.8

メインの肉は部位で選ぶ！

ここまで、献立を決めるうえでの初歩的なルールを紹介してきました。この先では、さらに踏み込んで、主役になるメイン料理についてお話しします。

肉は大人も子どもも大好きで、ご飯がすすむ人気食材ですよね。唐揚げ、ハンバーグ、しょうが焼き……など、王道おかずはすぐ思い浮かぶだけに、同じものが続いてしまいがち。

肉とひと口に言っても、スーパーに行けばたくさんの種類と部位が売られています。通年で手に入りますし、味つけの安定感もあるのが頼りになるところ！

一方、肉料理は「脂っぽいから太る!?」というイメージもあり、一食を抜いたり、野菜や果物をたくさん摂って、肉は我慢という人も多いのではないでしょうか？

でも肉を食べれば、体力のない日も、風邪気味の時もスタミナがついて元気が回復し、体作りの材料になるタンパク質の補給ができます。

そんないいことづくしの肉を積極的に献立に取り入れていくコツは、**スーパーの**

肉売り場を思い出しながら、**種類・部位ごとのおかずレパートリーをまんべんなく見つけること。**これから紹介していく部位別の解説を参考に、**献立の土台**をしっかりと作っていきましょう。

豚肉はロースとバラが万能

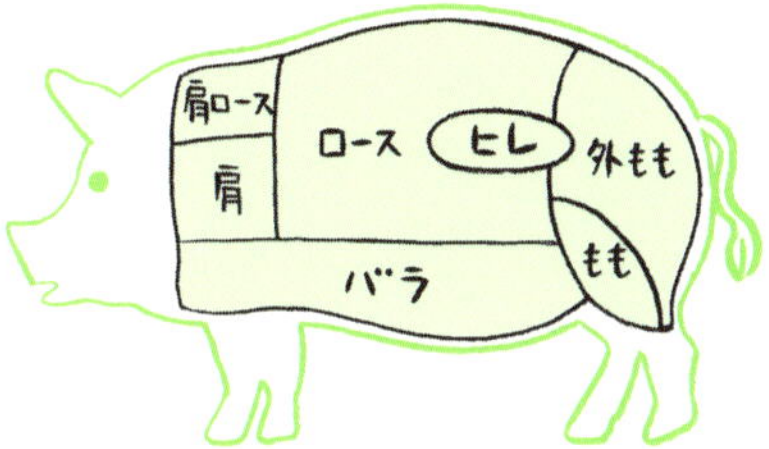

独特の旨味があり、ビタミンも豊富。

ロース →**しょうが焼き、しゃぶしゃぶ、すき焼き、ロースカツ、ソテー**

背中の中央部分の肉。きめ細かく、やわらかな赤身の外側に脂身がほどよくついています。ヒレと並ぶ最上の部位で、脂身のおいしさが持ち味です。店頭では、「しょうが焼き用」や「しゃぶしゃぶ用」とされる薄切り、「とんかつ用」や「ソテー用」とされる厚切りが売られていま

す。厚さによっていろいろな料理になるので、豚肉で最も万能な部位です。

下ごしらえのポイント ❶赤身と脂肪の間に筋があるので、包丁の刃先か刃元で、2〜3センチ間隔に切る。❷ロールやはさみ揚げにする場合は、ラップにはさんで、肉たたきなどを使って、均一にのばすように叩く。肉たたきがなければ、めん棒やすりこ木で。

肩ロース→**焼き肉、トンカツ、炒めもの、しょうが焼き、茹で豚、煮豚、焼き豚**

肩に近い背中の部分の肉。赤身の中に脂肪が粗い網状に混ざり、きめはやや粗くてかためです。コクがあり、濃厚な味わい。店頭では、薄切り、角切り、厚めの切り身、かたまり、挽き肉などにカットされ、売られています。トマトなど洋風の煮込みにも相性バッチリ。我が家ではよくローストポークや茹で豚、蒸し豚として使用。

肩→**焼き肉、炒めもの、豚汁（こま切れ）、ポークビーンズ、シチュー**

肩の肉はよく動くので、筋肉質で脂肪も少なめに混じっています。肉のきめはやや粗く少しかためですが、しっかりした旨味のある肉。我が家の豚汁は肩が定番。

ヒレ→**ステーキ、トンカツ、ソテー、串揚げ、バター焼き（煮込みは不向き）**

ロースの内側に、左右1本ずつある棒状の部分の肉。脂肪がほとんどないので、芳香やコクは少ないものの、しつこくなく、上品な味わい。すべての部位の中で最もきめが細かく、やわらかいのが特長。ただ豚肉全体のうちで2％（1頭からわずか1キロ）しかとれないため、他の部位と比べると少し高価です。「どうしてもトンカツが食べたい！」という日は、ヒレ肉をカツにして、塩だけで食べるのが好き！

下ごしらえのポイント　ひと口カツ、ピカタにする場合は、繊維と直角に、1センチほどを目安に、好みの厚さに切る。特にやわらかい部分なので、繊維と直角にではなく、縦に長く使っても大丈夫。

バラ→**かたまり肉はカレー、シチューなど煮込み、酢豚、角煮**

↓薄切りは炒めもの、肉巻き、自家製パンチェッタ

胸から腹にかけての肉で、赤身と脂肪が交互に3層ぐらいになっていることから「三枚肉」とも呼ばれます。脂肪が多いのでかたくなりにくく、炒めものにピッタリ。少量でもコクや旨味が出ます。スペアリブは、骨つきバラ肉のこと。脂肪が多いため、食べ過ぎは注意……。でも、安価のため家計にやさしく、私は豚肉の中で一番好きです！

もも

↓厚切りはローストポーク、焼き豚、ステーキ、ひと口カツ、焼き肉

↓薄切りは野菜炒め、肉巻き

後肢の付け根から尻にかけての肉。脂肪が少ないのが特徴です。タンパク質、ビタミンB_1が多く含まれており、ダイエットにも向いています。市販の薄切り肉はほとんどが外ももと呼ばれる尻に近い部分の肉を使用したもの。ブロック、切り身、角切り、薄切り、挽き肉と、利用範囲が広いのも嬉しい部位です。

鶏肉はもも・むね以外も活用を！

手羽先・手羽元

↓手羽先はスープ、煮込み料理、唐揚げ、塩焼き

↓手羽元は唐揚げ、煮込み料理、おでん

上腕から羽先までの全体を手羽、上腕部分を手羽元、手羽から手羽元を抜いた部分を手羽先といいます。ほどよい脂肪、味があり濃厚でコクのある白くてやわらかい肉質が特徴です。安価なので、一度使ったら手放せません。

むね

↓チキンカツ、サラダ、蒸し鶏、唐揚げ

脂肪が少なめでタンパク質が多く、肉質はやややわらかいのが特徴。高タンパクで低脂肪なのでダイエット向き！油を使った料理や、逆に淡白さを活か

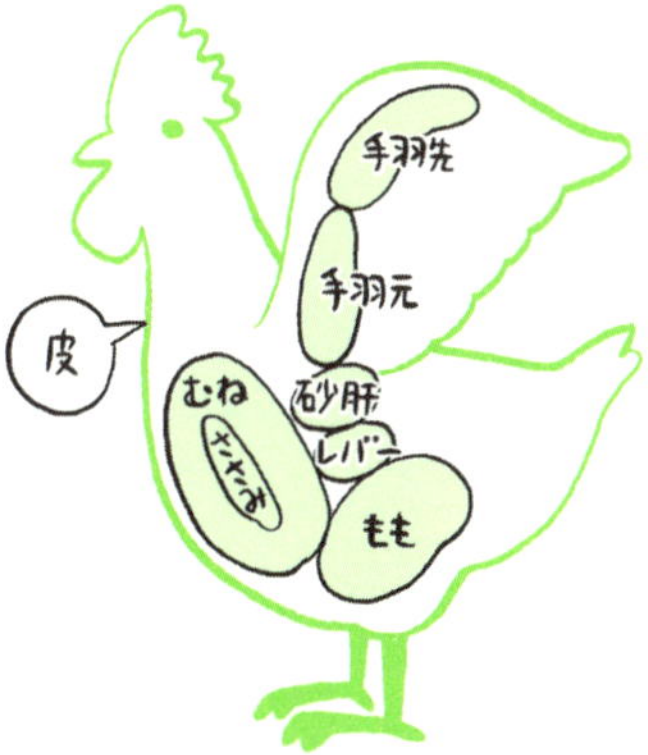

プリプリとした食感と淡白な味わい。

し、蒸したり茹でても、おいしく食べられます。

もも→**骨つき肉はスープや粥、煮込み。唐揚げ、炒めもの、煮込み、照り焼き**

筋肉質でプリッとしており、旨味とコクのある味です。タンパク質や脂肪はもちろん、鉄分も多い部位。煮ものや揚げもの、蒸したり焼いたりと、幅広く使え、我が家でも登場率ナンバーワンの肉。

ささみ→**フライ、ごま揚げ、サラダ、和えもの（バンバンジー）、酒蒸し**

鶏肉の中で最も脂肪が少なく、高タンパクな部位。牛や豚でいうヒレの部分に当たります。むね肉よりきめが細かいので、火を入れすぎるとかたくなるので注意！

柿の種を砕いて衣にしてフライにするのは、ビールのおつまみの定番(笑)。

下ごしらえのポイント　筋のついた面を上にし、筋の両側に包丁で浅く切り込みを入れる。身を裏返して筋の端を持ち、包丁で押さえながらゆっくりと引き、身から筋を取り除く。

レバー↓**レバーペースト、煮込み、串焼き、ハーブソテー**

肝臓の部分で、ビタミンAや鉄分を多く含みます。牛乳に浸けて臭みをとってから使用します。ミックスハーブやタイムなどと炒めるのもおすすめですよ。レバーペーストはバゲットにつけるとホームパーティーでも人気の逸品に。子どものハンバーグにはペースト状にしてこっそりと加えることも。

下ごしらえのポイント ハツ（心臓）と肝に分け、白い脂を取り除く。ハツは縦半分に切り、血のかたまりを洗い流す。肝は2〜3等分に切り分け、緑に変色した部分があれば取り除く。ボウルに入れて、ひたひたの牛乳を注ぎ、2時間ほどおくと、血抜き&臭み消しができる。

砂肝↓**そのまま焼く、素揚げ、にんにく炒め**

胃の筋肉の部分で、コリコリとした歯触りが特徴。安価で売られているのも嬉しいですね。にんにくとハーブソルトで炒めると、これまたビールが止まりません……。

下ごしらえのポイント 銀色の部分の上部に、包丁で浅く切り込みを入れ、そのまま下へ引っ張り、皮をむく。

少量でも旨味＆存在感抜群の牛肉

ネック（赤身）→**シチュー、スープ、挽き肉に**

首の部分。筋が多く、食感も粗くてかたいですが、煮込むと独特の旨味に。

ロース→**そのまま焼く**

牛肉の背肉部位を「牛ロース」、あるいは「牛ロース肉」といいます。この「ロース」は roast（ロースト）からきており、「ロースト（焼く）に適した肉の部位」を意味する言葉です。

肩ロース→**すき焼き、肉巻き、ステーキ、バター焼き**

背中の肉であるロースのうち、首に近い部位です。適度にサシ（脂身）が入り、形や風味もよく、多少粗くてかたいですが用途は広いです。ステーキにする場合は筋切りしましょう。

リブロース
↓ステーキ、しゃぶしゃぶ

肋骨の背肉という意味で、肩ロースの後方にある背中の肉。筋が少なく、霜降りが出やすく、全般的にやわらかく風味があります。ロースの真ん中で、大きく形もよく、サーロインと並んで最上部位とされています。サシが入りやすく、肉のきめが細かく、風味が良くやわらかい。

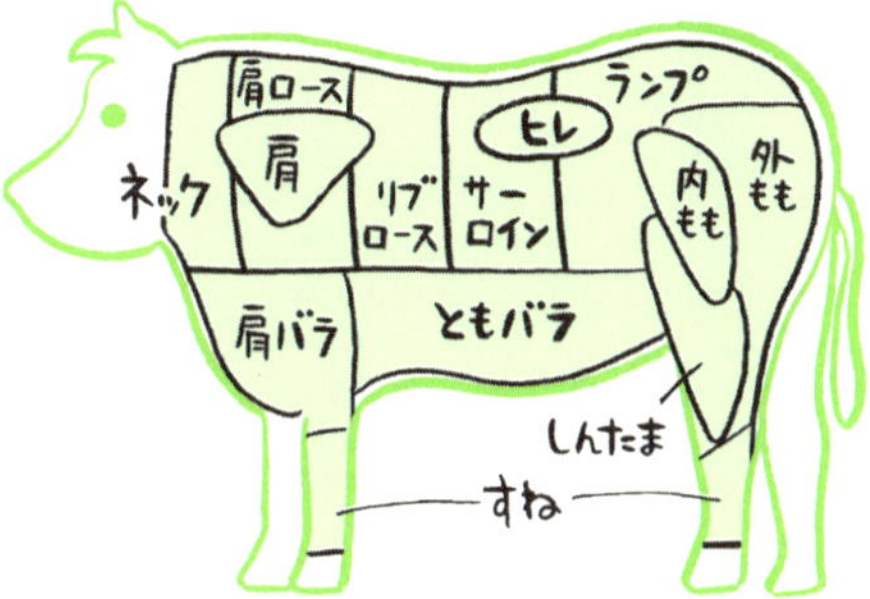

香り高い旨味が凝縮した肉の王様。

サーロイン↓**ステーキ（そのままでも、サイコロでも）**

リブロースの後ろに続く部分。肉の間に付く脂肪が少なく、肉質がやわらかい上に風味も格段に良く、ステーキとして最も適しています。昔イギリス国王がこの部分にsir（サー。貴族の称号）を与えたことから、この名が付いたそう。骨付きのままステーキにすると、骨の断面がT字型に見えるので、ティーボーンステーキと言います。

ランプ↓**ステーキ、ケバブ**

サーロインに続く、腰から尻にかけての部分。上面に脂肪が付き、きめが細かくやわらかい大きな赤肉です。

外もも↓**ローストビーフ、ステーキ、シチュー、ポトフ、たたき**

大きな赤肉のかたまりで、きめは粗く脂肪が少ない。角切りや薄切りで販売されるのが普通です。他に内もも、しんたまがあり、内ももは同じく大きな肉塊で、き

めが粗く脂肪はわずかで赤身が多く、ローストビーフに向いています。ダイエットに。

肩バラ→焼き肉、煮込み、シチュー

胸の肋骨外側で、脂肪は多いが肉はややかため。安価で、煮込み料理に用いられます。

ともバラ→煮込み料理、スープ

腹の部分で、赤身と脂肪が重なっています。霜降りになりやすく味が濃厚なので、スライスして焼き肉の「カルビ」として人気。

肩→煮込み料理、ソテー、たたき

肩ロースの下、前肢の付け根の部分。筋肉が多いうえ、運動時に使われるので筋や膜が多く、かたい部分とやわらかい部分が入り混じっています。ゼラチン質で濃

厚。

ヒレ（テンダーロイン）→**ステーキ、ローストビーフ**

フィレとも言い、サーロインの内側についている細長い部分。きめ細かく、脂肪が少なく、最もやわらかいです。淡白で上品な味。1頭当たりわずか3％しか取れないので、サーロインと共に高価な部位です。ちなみにヒレの中でも部位があり、「シャトーブリアン」が一番やわらかく絶品！　3センチ以上の厚みで、あまり焼きすぎないのがおいしく焼くコツ。

すね→**煮込み、シチュー、スープストック用に**

肢の部分。筋が多い赤肉でかたいですが、コラーゲン、エラスチンなどのタンパク質が豊富で、煮込むとゼラチンに変化してやわらかくなります。ちなみに、フォン・ド・ヴォーは、子牛の骨や、骨付きすね肉と香味野菜で作っただしのこと。

下ごしらえのポイント　圧力鍋に肉とかぶるくらいの水と長ねぎの青い部分を入れて

火にかけ、沸騰したら弱火にし、30分加圧する。そのまま冷ましたらふたを開け、スープとともに用途に合わせて使う。冷蔵庫に一晩入れ、表面に固まった脂を取り除くとなおよい。

魚は調理法を考えると、献立決めが早い

島国・日本に生まれた私たちは、季節に合わせていろいろな魚に恵まれ、刺身、一尾魚、切り身、干もの、貝やえび、たこ、いかなど、スーパーや鮮魚店では毎日ところ狭しと並んでいます。たんぱくな味わいと、あっさりした食べごたえで、毎日の食卓に欠かせない人も多いのではないでしょうか？

でも、そのまま塩焼きに……というのはつまらないですよね。お買い得なものや、明らかに鮮度が良さそうなものと出会っても、そんな時に限って、献立のアイデアが出てこないものです。

魚おかずの決め方は、「調理法で考える」が合言葉。見つけた魚を、どんな調理

法でおかずに仕立てるかを考えるのです。次の解説を参考にして、今夜の魚レシピを見つけてみてください。

生

刺身、カルパッチョ（生の白身魚）、マリネサラダ（刺身）、たたき（生カツオ）、手巻き寿司（刺身）、ちらし寿司（刺身やイクラ）、昆布締め（鯛）、づけ（マグロ・サーモン）、酢締め（アジ・生サバ）、ユッケ（マグロ）、生春巻き（えび）

茹でる・蒸す

酒蒸し（アサリ・貝）、かぶら蒸し（鯛）、炊き込みご飯（サンマ・鯛・貝むき身）、しゃぶしゃぶ（鯛・ブリ）、つみれ（イワシ）、燻製（アジ・サバ）、飛龍頭（えび・かに・白身魚）、蒸し煮（白身魚）、白菜重ね蒸し（鯛）、レモン蒸し（白身魚）、茶碗蒸し（タラ・えび）

炒める・焼く

塩焼き、干もの、バター焼き（鮭・ホタテ）、西京焼き（サワラ・タラ）、ホイル焼き（鮭・カジキ）、みそ焼き（ブリ・カジキ・イカ）、照り焼き（ブリ・サワラ）、ステーキ（カジキ・マグロ）、蒲焼き（サンマ・ウナギ）、しょうが焼き（ブリ、カジキ、サバ）、魚バーグ（イワシ）、パスタ（しらす）

煮る・汁もの

トマト煮（イワシ・タラ）、しょうが煮（イワシ）、シチュー（ホタテ、えび）、あら汁（ブリなどのアラ）、煮付け（キンメダイ）、鍋（タラ・鮭・アンコウ）、佃煮（ワカサギ・カツオ）、スープ（えび・鯛）、みそ汁（鯛・かに）、ビスク（えび）、ブイヤベース（貝・えび）

揚げる

フライ（サーモン・ホタテ）、ピカタ（カジキ）、唐揚げ（サバ・タラ・フグ）、か

き揚げ（桜えび・しらす）、天ぷら（白身魚・穴子）、すり身団子（えび・イワシ）

魚は選び方で9割決まる

魚は旬の時期になると、見るからに立派になり、価格もぐんと安くなります。私も家計を支える主婦として、旬の魚は大量買い。粕やみそで漬けたり、オリーブオイルとにんにくでマリネにしたり、冷凍したり……。同じ魚でも味わいがガラッと変わりますし、酒を白ワインにしたり、紹興酒にするだけでも和洋中の3変化が可能！

「どの魚を選んだらいいの!?」「レパートリーが広がらない」という人は、**魚の旬を参考にすると魚の選び方が広がります。いい魚を選ぶことが、料理のおいしさの9割を決めるといってもいいほど重要です。**

さらにここでもうひとつ気にかけたいのが、天然と養殖の違い。養殖魚は、天然と違って人工的に繁殖させたものを指します。ウナギやマスのほか、海水魚では鯛、

旬の魚介カレンダー

魚／月	1	2	3	4	5	6	7	8	9	10	11	12
アジ						↔	↔	↔	↔			
イワシ						↔	↔	↔	↔	↔		
サンマ									↔	↔	↔	
サバ						↔	↔	↔				
ブリ	↔	↔									↔	↔
カツオ					↔	↔			↔	↔		
カジキ						↔	↔	↔				
鮭									↔	↔	↔	
真鯛							↔	↔	↔	↔	↔	
金目鯛	↔	↔	↔									↔
ヒラメ	↔	↔	↔								↔	↔
タラ	↔											↔
サワラ	↔	↔										↔
ウナギ							↔			↔	↔	↔
ししゃも											↔	↔
マダコ						↔	↔	↔	↔	↔	↔	
アサリ		↔	↔	↔								
カキ	↔	↔	↔	↔	↔							↔
しらす			↔	↔	↔				↔	↔		

※産地によって異なるため、一般的な目安として参考にしてください
※全体にツヤや張りがあり、ぱっとみてきれいな魚を選ぶのがコツ!

ヒラメ、ブリ、カンパチ、サーモン、そしてマグロにもいたるまで、数多くの魚たちが養殖されています。

たとえば、切り身をスーパーで見てみると、天然は養殖の2、3倍の価格！　値段がこれだけ違うと、味わいもやはり全然違うのかしらと疑問に思います。ですが、最近の養殖技術は格段に進歩し、天然に勝るとも劣らない味のものもあるのです。ただ、適度な脂肪分がありジューシーなので、あえて養殖のほうが好きという人も。刺身は締まった身の弾力と歯ごたえ、旨味の深さは、天然に敵いませんが……。

気持ちの余裕を生む「名のない副菜」

「メインおかず最強シート（P20）」を参考にメインは決まっても、あとの副菜をどうするかいつも迷う……という生徒さんが多くいらっしゃいます。

メインの煮込みハンバーグに時間をかけて作るのに、**副菜にも神経を使って作っていては、食べるまでにストレスが溜まってしまいます。**

お店のように「ラタトゥイユ」や「バンバンジー」なんて、名のある副菜を作ろうと張り切って決めてしまうと、まるでフルコース料理。レシピを本やネットで調べて、材料表にある材料を買いに行って……と、相当の気合と気持ちの余裕が必要になりますよね。ほかに、洗濯や掃除、片づけなど、やることが無限にある私たち。手軽な一品の**「名のない副菜」を作ることが、ラクに料理を作り続ける基本！**

どうしても副菜まで頭が回らないという日は、「冷や奴」などそのまま出せるもの、鰹節などかけるだけのもの、冷蔵庫にある野菜のサラダ（和えるだけ）と決めちゃうと気がラクになりませんか？　コストと作る手間と時間のバランスは、あなたが天秤にかけて、家庭に合う方法で作ればいいのです。

たとえば、「ラタトゥイユ」を作ろう！　と思った時には、ズッキーニやパプリカがないからと諦めるのではなく、まずは家の冷蔵庫と相

ぱぱっと作れる「30秒で完成! 冷や奴10番勝負」はP53へ

談。なすと余り野菜（根菜とか）をストックのトマト缶と塩で煮込んで、「なすと根菜のトマト煮込み」が即席で完成。バンバンジーもタレがなかったとしても、さいた鶏と適当なドレッシングで和え、きゅうりの輪切りを加えたら、「きゅうりと鶏のサラダ」が即興で作れます。

このように、すべての材料がなかったり、きちんとしたレシピを知らなかったとしても、**あるもので一品に仕立てるという挑戦が、あなたの料理の腕を上げます。**

味つけに自信がない人でも大丈夫。本書をこっそりキッチンに忍ばせて、P23「レシピ本に頼らなくなる67の味つけ」の表を開きましょう。どこの家庭にもある調味料、冷蔵庫にある残り食材で、臨機応変に無駄なく、そして気持ちに余裕をもって、楽しく作れるのが一番の料理上手といえるのではないでしょうか。

野菜のパートナーは4つ

「名のない副菜」を作ろう！　と思ったら、まずは冷蔵庫の野菜室を確認。半端に

残って寂しそうな野菜が転がっていませんか？　目が合ったら、あとはもう簡単！　**あなたの仕事はパートナー（＝組み合わせる食材）を見つけてあげるだけ。**パートナーの候補は……

❶**きのこ**（しめじ、エリンギ、生・干ししいたけ、マッシュルームなど）
❷**海藻**（乾燥わかめ、ひじきなど）
❸**豆**（大豆やミックスビーンズのドライパック缶など）
❹**乾物**（鰹節、切り干し大根、ごま、ナッツ、小魚など）

もちろん野菜だけでも構いませんが、かさ増し、彩り、栄養素などの観点から見ても組み合わせるといいことばかり。とくに❷〜❹はストックとして常備しやすいので、これらがあるだけでとっても心強いもの。ぜひ買い置きをおすすめします。

野菜は好みの大きさ（薄切り、乱切り、角切りなど）に切って、塩もみするか、さっと茹でて、好みのオイルやドレッシング、そして❶〜❹のパートナーと和える。

たったそれだけで、あなたの献立はとても誇らしいものになっているはずです。

上級者が考える副菜は、メインとの相性

「名のない副菜」作りに慣れてきたら、**メインとの相性を考えると、さらに完成度の高い献立になります。**

たとえば、主菜が温かいものなら冷たいもの、主菜が冷たいなら温かいものなど。その心遣いひとつで、食べる人はさらに満足度の高い食事に。ほめてもらえた日には、作った苦労と時間が報われ、明日の料理へのモチベーションアップになるものです。そして料理の温度以外にも、考えるべきポイントがあります。

汁気

汁気が多いメインなら、簡単に和えるだけのサラダにしたり、卵でとじたものなど。汁気の少ないメインなら、煮浸しやスープ煮に。

彩り

メインが地味なものなら、赤（トマトやパプリカ）や緑（ブロッコリー、葉野菜）を使った副菜にしてみると、食卓が華やかになるだけでなく、必然的に栄養バランスも整います。

味つけの濃淡

ビーフシチューやカレーなど、主菜がガツンと濃い味のものなら、副菜は酢のものやお浸しなど、サッパリしたものが好相性です。

具材の量

メインが八宝菜のように野菜がたくさんあるならば、副菜は卵とわかめスープなどにして、ほかの具材が少なくてもよいでしょう。

しょっぱい・甘いのバランス

塩気がしっかりついていたり、辛いメインだったら、副菜はとうもろこしやかぼちゃなど素材の甘さを生かすと◎。酢を使っても、さっぱりとした清涼感が出ます。

忙しい日の副菜は「〇〇するだけメニュー」

我が家の場合、副菜は毎回3、4品作りますが、品数の割に手間はかかりません。**のっけるだけ、和えるだけ、かけるだけの「〇〇するだけメニュー」**ばかり。難しく考えず、私が**ただ食べたいと思っているものを組み合わせてパパッと直感で作ります**。考えるのが面倒な人は、【月曜日はサラダの日↓火曜日は煮ものの日↓水曜日は炒めものの日↓……】などと、ルーティン化もおすすめ。

ですが、私だって「やる気スイッチ」が完全オフの時も(笑)。そんな日は「副菜は、冷や奴1品!」と決めるようにしています。10のおすすめを紹介します!

30秒で完成! 冷や奴10番勝負

❶塩×極上オリーブオイルかけ（時にアンチョビのせ）
❷万能トマトダレ（P95）かけ
❸ねぎ塩のっけ（ごま油と塩を混ぜたねぎをのせる）
❹じゃこ&どっさりねぎ（ポン酢をかける）
❺キムチ&韓国海苔のっけ（ごま油もかける）
❻納豆&卵黄のっけ（時に食べるラー油をかける）
❼アボカドのっけ（しょうゆをかける）
❽せん切り山いも&明太子のっけ
❾ザーサイのっけ（ごま油をかける）
❿蒸し鶏のっけ（ごまだれをかける）

健康を考えたら、「まごわやさしい」

お弁当を作る時、家族の夕食を作る時、「バランスは良いかな？」と、不安になる人も多いのではないでしょうか。

メインは決まったけれど、何を足したらいいんだろう、そんな時に参考にしていただきたいのは、「まごわやさしい」を中心とした食事法です。まめ類、ごま、わかめ、やさい、さかな、しいたけなどのきのこ類、いも類の頭文字をとって、「まごわやさしい」。

もっと手軽に、健康的な食生活を送るためにも、毎日の食卓に意識してそろえてみてください。食卓の彩りが増すだけでなく、健康的な食生活が送れるはずです。

まめ類（大豆、豆腐、納豆、黒豆、油揚げ、高野豆腐など）↓畑の肉といわれる良質のタンパク質やミネラルが多い

ごま（ごま、アーモンドやくるみなどのナッツ類、栗、ぎんなん）↓タンパク質、ビタミン、脂質、ミネラルが多い

わかめ（ひじき、わかめ、海苔、昆布、もずくなどの海藻類）↓カルシウムとミネラルが豊富

やさい（全般）カロテンやビタミンが豊富

さかな（白身魚や青魚、鮭など）ＤＨＡ、ＥＰＡ、タウリンが豊富

しいたけなどのきのこ類 食物繊維やビタミンミネラル、低カロリー

いも類（じゃがいも、さつまいも、さといも、山いもなど）炭水化物、糖質、ビタミンＣ、食物繊維が豊富

あと1品……で役立つ5色ルール

思い浮かべてください。お弁当箱を開いた時、ご飯の上には牛肉がしき詰められ、副菜にはきんぴらごぼうと筑前煮が入っていたとします。パッと開けた瞬間、ただただ茶色い世界に「おいしそう！」と心から思えるでしょうか……？　もしそこに、ブロッコリー、トマト、卵焼きがプラスされていたら、グッと華やいで、もっと「おいしそう!!」と思えるのではないでしょうか。欲をいえば、ご飯の一部は見えて白があるだけで、さらにお弁当は華やぎます。

つまり、**「おいしそう」という印象は、次の5色で決まります。**

緑　赤　黄　白　茶（または黒）

これら5色を、先ほどの「まごわやさしい」の考え方に当てはめてみると、こうなります。

緑 ブロッコリー、いんげん、枝豆、葉野菜……

赤 トマト、赤パプリカ、鮭、にんじん、クコの実……

黄 栗、卵、さつまいも、大豆、かぼちゃ、とうもろこし……

白 白米、じゃがいも、さといも、白身魚、豆腐、白ごま、大根、卵の白身……

茶（または黒） ナッツ、きのこ、肉、海藻、海苔、黒豆、黒ごま……

実はこの考え方は、古代中国の陰陽五行説の影響を受けた中国、韓国、日本料理に共通する考え方。それは木・火・土・金・水の五行に対応する緑・赤・黄・白・

茶（黒）の5色の食材を組み合わせた食事を摂ることにより、健康が保てるといった考え方なのです。

自分がよく使う食材をこちらの表に当てはめてみてください。献立作り、料理のマンネリ、トッピング、そしてあと一品を決める時など、きっと助けになってくれるはずです。

食べたい料理の温度を考えてみる

フレンチのコースはおおまかに、冷前菜→温前菜→魚料理→肉料理→デザートというのが基本です。家の中でそんなフルコースを作ることはないと思いますが、コースのメニュー構成というのはお店にとってとても大事なこと。

特にシェフのおすすめコースは、食べ手に対し変化があり、楽しく料理が食べられるような驚きや発見が多いです。食感の違い、季節の食材や付け合わせ、酸・苦・甘・辛の味わい、ソースの重さと軽さ、見た目など、工夫は絶えません。そしてお

店にとって**最も重要なのは、「冷たいものが冷たく・温かいものが温かく出てくる」**という点。

カフェで冷たくなったパンケーキが出てきたら悲しいですし、アフォガードのように「冷たいバニラアイスに熱々のエスプレッソをかける」という特徴の料理が、溶けていたりぬるかったりしたら、それはもはや別物。温冷というのはとっても大事なのです。**家庭で献立を考える時も、温冷を意識するだけで、メニューが決まりやすいのです。**

パスタ、サラダ、ポタージュ、デザート、素麺やうどん、そば、みそ汁（冷や汁）、和えもの、肉（冷ならローストビーフ等）、魚（冷ならエスカベッシュやカルパッチョ等）、テリーヌなどなど、ざっと挙げただけでも温度の違いがあります。

春でしたら、グリーンピースやそら豆のポタージュスープ。同じ素材でも、温冷で与える印象はまったく変わります。冷は温より塩味を強く感じるので、冷たい料理を作る時、温かい状態で丁度よい塩加減にしてしまうと、冷やして食べる時には塩からく感じてしまいます。

作っている時の調味は、少しもの足りないかも……くらいでOKなんです。食べる温度まで冷やしてから味見をして、物足りなければ塩味を加えましょう。冷製スープの場合は溶けにくいので、私はいつも塩を少量の湯でのばした水を加えています。また塩味だけでなく、甘味や苦味・酸味も温冷によって食べた時の感じ方が変わります。**食べる温度で味見をして、最終的な調味をする習慣をつけましょうね！**

皿が決まれば、献立も決まる

料理の味（おいしさ）は、見た目の印象ともつながっていて、器・皿選びは重要。家庭で使われる器は、あまり変化がないように思います。使いやすさが一番ですから、華奢で繊細な器をヒヤヒヤしながら盛りつけたり洗ったりするのは、毎日のことに向いていないのはたしか。だからといって、とっておきの皿や、結婚式の引き出物でいただいた皿をしまっておいては宝の持ち腐れというもの。

ここでアドバイスしたいのが、**「器から料理を決める」**という方法。**しかも、5**

秒以内で決めるルール。「明日はこれを使おう！」と決めるのは、5秒でできます。時間がある時には食器棚を見回しておくと、皿選びに迷いません。そうすると、自ずとメニューは決まりやすくなります。

棚の上のほうにあり、重かったり装飾的すぎるものは、あまり使わなくなる。

手が届きやすく（目線の棚にある）、家族の人数分そろっているもの、シンプルなものは登場頻度が高い。

たとえば、ガラス皿はさわやかで涼しげな印象を与えてくれるので、冷たいもの（そうめんやフルーツ・冷製スープ、冷菜など）が向いています。登場率の悪いコーヒーカップは洋風スープを入れたり、単独では浮いてしまうチグハグな食器はシェアする薬味皿やタレ皿にしたり、あえて取り分け皿にしても。

また、とくに意識をしていなくても、収納の仕方によって、器のポジションが決まっていきます。目線の棚にあれば自然と手が伸びて登場頻度が高くなり、手が届きにくい位置にある皿は存在を忘れてしまってなかなか日の目を見ないことも。当たり前なことですが、あえて収納を変えることで、皿選びも新鮮になりますよ。

おいしい表現・オノマトペを引き出す

ふわふわ、トロトロ、プルプル、サクサク、ツルッ、シャリッ！

歯ごたえや喉越し、見た目、舌触りなど、状態や音を声で写した言葉をオノマトペといいます。人気の食レポーターの方は、「う〜ん！　このミルフィーユ、とっ

オノマトペと料理の組み合わせ

サクサク	×	揚げもの、クッキー
カリッ	×	肉の表面、餃子、揚げもの
パリッ	×	魚の表面、ソーセージ
しっとり	×	ケーキ、鶏むね肉やささみ（ハム）
パラパラ	×	炒飯
ふわふわ	×	スイーツ、卵、パン、パンケーキ
もちもち	×	水分を含んだ料理全般、芋類、パン
トロトロ	×	卵、オムライス、煮込み、チーズ
ホクホク	×	さつまいも、じゃがいも、栗、蒸し料理
シャキシャキ	×	葉野菜、サラダ、サッと加熱した野菜
さっぱり	×	酢のもの、南蛮漬け、ピクルス、デザート
こんがり	×	グラタン、ローストチキン
プチプチ	×	玄米、ごま、キヌア、粒マスタード
ふっくら	×	ご飯、油揚げ
プリプリ	×	えび、茹で卵、水餃子、シュウマイ
コトコト	×	シチュー、スープ、煮込み
ホロホロ	×	崩れやすい野菜、煮込み、クッキー
ツルツル	×	麺、春雨、もずく、ゼリー
バリバリ	×	大きな野菜、皮を焼いたチキン

ても香ばしい匂い！　口に入れるとサクッとしたパイの歯ごたえが楽しく、中のクリームもトロッと溶けるようななめらかさ……」などオノマトペを巧みに使い、表現がとっても上手。「食べてみたい！」と食欲をそそられますよね。

パンケーキと検索すると、モチモチだとか、ふわふわなど、オノマトペがついた料理名が出てくるほど。たとえばフライドポテトも、ホクホクしたものだと皮付きの厚切りタイプをイメージできますし、カリカリ、サクサクのポテトの違いも、イメージが湧きます。オムライスと聞くよりも「トロトロ卵のオムライス」や、プリンなら「トロ〜リ、なめらかプリン」と聞いたほうが食欲も増します。

また、やわらかい×やわらかい、歯ごたえある×歯触りの良いものなど、食感を合わせるか、アクセントとして違う食感を合わせるかでも変化します。

英語では「crispy（クリスピー）」とひとくくりに表現されるおいしさも、パリパリ・シャキシャキ・パリッと・カリッと・カリカリ・サクサクなど、日本語はオノマトペによって表現方法が豊か！　これを聞けば誰でも、イメージがすぐに湧き

ますよね。献立にこれを利用しない手はないでしょう。

オノマトペ×食材で検索してみると、その時の気分のメニューが見つかります。

月曜日

メイン　刺身の盛り合わせ
副菜❶　牛とごぼうの煮もの
副菜❷　ささみとちんげん菜の茶碗蒸し
白ご飯

調理時間20分

献立のポイント

刺身を買うと、自動的に肉を使った副菜と決まるので簡単!　作業もラクです。

牛とごぼうの煮もの

材料(3〜4人分)

牛薄切り肉……350g
ごぼう……1本
れんこん……100g
しょうが……1かけ
（飾り用の針しょうがはとっておく）

A
- 水……1カップ
- 酒……⅓カップ
- 砂糖……大さじ1
- みりん……大さじ3
- しょうゆ……大さじ5

作り方

❶ ごぼうは包丁の背で皮をこそぎ、乱切りにする。れんこんは皮をむき、縦4等分にして乱切りにする。それぞれ酢水（水2カップ＋酢大さじ1）に漬け、水洗いしてざるに上げる。

❷ 牛肉を鍋に入れ、水（分量外）をひたひたに注いで火にかけ、沸騰したらざるに上げて脂とアクを洗い流す。

❸ ❶と❷を鍋に入れ、Aとしょうがを入れて火にかけ、沸騰したら弱火にしてアクを取りながら15分煮る。器に盛り、針しょうがをのせる。

ささみとちんげん菜の茶碗蒸し

材料(4人分)

鶏ささみ……2本
ちんげん菜……2枚

A
- 卵……2個
- 極上だし(P147)……300mℓ
- 薄口しょうゆ……小さじ2

作り方

❶ ちんげん菜は塩茹でし、氷水にとって水気をきり、ざく切りにする。ささみは熱湯をかけて霜降りにし、ひと口大に切る。

❷ ボウルにAを入れて混ぜ合わせ、口当たりをなめらかにするためにこし器を通してこす。

❸ 器に❶をまんべんなく入れ、❷を注ぐ。泡が立ったら竹串を刺して消すか、キッチンペーパーで拭うように取る。

❹ 蒸気が立った蒸し器に入れ、ふたに布巾をかませて少しずらし、強火で3分、弱火にして10分蒸す。火を止めて、5分蒸らす。

火曜日

メイン　**彩りチンジャオロースー**
副菜　**いんげんの白和え**
白ご飯、わかめと玉ねぎのみそ汁　調理時間20分

献立のポイント
いつものおかずを「彩り」視点で栄養もプラス!　歯ごたえよく炒めます。

彩りチンジャオロースー

材料(3〜4人分)

牛もも肉……200g
ピーマン……3個
赤パプリカ……½個
黄パプリカ……½個
たけのこ水煮……100g
にんにく、しょうが……各1かけ

A
- しょうゆ……小さじ2
- 紹興酒……小さじ2
- 片栗粉……小さじ2
- 水……小さじ2

B
- 紹興酒……大さじ1
- しょうゆ……大さじ1
- オイスターソース……大さじ1
- 砂糖……小さじ1
- 塩……ひとつまみ

太白ごま油……大さじ3

作り方

❶ 牛肉は5cm×6mm幅に切り、Aをもみ込む。Bは合わせておく。
❷ 野菜はすべて5cm×6mmに切る。にんにく、しょうがはみじん切りにする。
❸ フライパンにごま油を入れ、牛肉を炒める。色が変わったら❷を入れ、Bを加えて汁気がなくなるまで炒める。

いんげんの白和え

材料(作りやすい分量)

いんげん……1袋
木綿豆腐……1丁(水きり後100g)

A
- 練りごま……大さじ1⅓
- 薄口しょうゆ……大さじ1⅓
- 砂糖……大さじ1⅓

塩……ふたつまみ

作り方

❶ 豆腐はキッチンペーパーで包み、電子レンジ(600W)で2分加熱し水気をよくきる。
❷ いんげんは塩茹でしておか上げし(水にはさらさない)、冷めたら4cm幅に切る。
❸ ❶をフォークで崩し(ここで水が出たらキッチンペーパーで吸い取る)、Aを加えてよく混ぜ、❷と和える。味をみて、塩やしょうゆ(分量外)で味をととのえる。

水曜日

メイン　**カジキのソテー バジルとトマトのフレッシュソース**
副菜　**きのこサラダ**
パン、レタスのポタージュ　調理時間20分

献立のポイント
きのこサラダは、カジキを焼く時に一緒にきのこを焼いて、好みのタレと和えるだけ!

カジキのソテー バジルとトマトのフレッシュソース

材料(4人分)
カジキ(何でもOK!)……4切れ
トマト……大1個
玉ねぎ……½個
バジル……5枚
オリーブオイル……大さじ3

A
白ワインビネガー……大さじ4
砂糖……小さじ1
エクストラバージン(EV)オリーブオイル……大さじ5
塩、こしょう……各適量

作り方
❶ トマトは湯むきをして種をとり、5㎜角に切る。玉ねぎも5㎜角に切る。バジルはみじん切りにする。合わせてボウルに入れ、Aを加えておく。カジキは塩(分量外)を両面にふっておく。
❷ キッチンペーパーでカジキの水気をとる。フライパンにオリーブオイルを熱し、カジキを入れる。強火にして焼き色がついたら、ひっくり返して弱火にし、ふたをして2分ほど火を通す。
❸ カジキを器に盛り、❶のソースをかける。

レタスのポタージュ

材料(4人分)
レタス……½玉(飾り用に½枚とっておく)
米……大さじ1
牛乳……1カップ
簡単!鶏のUMAMIスープ(P153)……1カップ
生クリーム……¼カップ
バター……大さじ2
塩、白こしょう……各適量

作り方
❶ レタスはひと口大にちぎる。バターを溶かした鍋に、米、レタスを入れて炒め、レタスがしんなりしたら、チキンスープを加える。煮立ったら弱火にしてふたをして4分煮る。
❷ ❶に牛乳を加えて火を強め、ひと煮立ちさせたら火を止め、そのまま粗熱を取る。
❸ ❷をミキサーにかけ、塩、こしょうで味をととのえる。ざるでこしながら鍋に戻し、生クリームを加えて温め直す。器に盛り、飾り用のレタスを添える。

木曜日

メイン　**スタミナ豚バラ丼**

副菜　**野菜蒸し**

薄切りにしたごぼう・かぼちゃ・いんげんを入れ、好みのかたさまで蒸すだけ!

サンラータン風スープ　調理時間20分

献立のポイント

こってりのメインとさっぱりしたスープで、味わいのバランスを考えます。

スタミナ豚バラ丼

材料（4人分）

豚バラかたまり肉……400g
塩、こしょう・ガーリックパウダー……各適量
片栗粉……適量

A
- しょうゆ……大さじ3
- 砂糖……大さじ2
- みりん……小さじ1
- 酒……大さじ1

レタス……½玉
トマト……2個
太白ごま油……大さじ2

作り方

1. レタスはせん切りにする。トマトは8等分に切る。
2. 豚肉は食べやすい大きさに切り、塩、こしょうとガーリックパウダーをふり、片栗粉を薄くまぶす。
3. フライパンにごま油を熱し、2を入れて両面焼き、Aを加えて煮からめる。
4. 丼にご飯（分量外）をしき、レタス、3、トマトの順にのせる。

サンラータン風スープ

材料（4人分）

簡単!鶏のUMAMIスープ（P153）……3カップ
長ねぎ……1本
しいたけ……2個
たけのこ水煮……50g
卵……1個

A
- 酒……大さじ1
- しょうゆ……小さじ1
- 豆板醤……小さじ1

片栗粉……大さじ1
（水大さじ1で溶いておく）
酢……大さじ1
塩、こしょう……各適量

作り方

1. 長ねぎはみじん切りにする。たけのこは細切りにする。しいたけは薄切りにする。
2. 鍋に簡単!鶏のUMAMIスープ、1を入れ、Aを加えて2、3分煮る。
3. 2に水溶き片栗粉を入れて沸騰させ、溶き卵を流し入れてひと混ぜして火を止める。
4. 酢を加え、塩、こしょうで味をととのえる。

金曜日

メイン　**豚肉のローズマリー焼き**
副菜　**残り野菜の即席ポトフ**
炊飯器で作る ひよこ豆のピラフ　調理時間40分

献立のポイント
混ぜる、焼くだけなのに、急なおもてなしにも対応できます!

豚肉のローズマリー焼き

材料(4人分)

豚ロース肉(120g程度の切り身)……4切れ
A［くず野菜(にんじんの皮などでも)……適量
にんにく(スライス)……1かけ
ローズマリー……2枚
オリーブオイル……1/4カップ
白ワイン……大さじ2］
B［クリームチーズ……大さじ2
生クリーム……大さじ2
粒マスタード……大さじ2
バルサミコ酢……小さじ1/2〜1
しょうゆ……小さじ1/2〜1］
バター……大さじ2
塩、こしょう……各適量

作り方

❶ 豚肉はバットに入れ、両面に塩、こしょうをし、Aを入れて半日マリネする。
❷ フライパンを熱してバターを溶かし、❶を両面焼き、マリネした汁や野菜の皮ごとすべて加えてふたをし、弱火で5分蒸し焼きにする。
❸ Bに❷の煮汁をこしながら加えて混ぜ、皿に盛った肉にかける。

残り野菜の即席ポトフ

かぼちゃ、じゃがいも、玉ねぎは1cm角に切り、ソーセージは1cm幅に切る。かぶるくらいの水を加え、火にかける。沸騰したら弱火にしてアクを取り、やわらかくなるまで煮て(お好みでコンソメスープの素)、塩、こしょうで味をととのえる。

炊飯器で作る ひよこ豆のピラフ

材料(3〜4人分)

米……2合
バター……30g
塩……小さじ1/2
簡単! 鶏のUMAMIスープ(P153)……2カップ
ひよこ豆水煮……100g

作り方

❶ フライパンにバターを熱し、米を洗わずにそのまま入れて炒める。
❷ ❶を炊飯器に入れ、塩、簡単! 鶏のUMAMIスープを加えて炊く。
❸ 炊き上がったら、水気をきったひよこ豆を入れ、ざっくりと混ぜ合わせて5分蒸らす。

土曜日

メイン　メンチカツ ごまソース
副菜❶　残り野菜のソテー
副菜❷　なめたけの卵焼き
白ご飯、豆腐のみそ汁　調理時間20分（寝かせる時間は除く）

献立のポイント
我が家の定番!　定食屋さんをイメージした献立にしました。

メンチカツ ごまソース

材料（3〜4人分）
合挽き肉……300g
A［塩……小さじ½
こしょう……適量
パン粉……大さじ3
卵黄……1個分］
玉ねぎ……½個
太白ごま油……大さじ1
米粉（なければふるった薄力粉）……適量
卵白……1個分
生パン粉……適量
揚げ油……適量
ごまソース
［とんかつソース……大さじ3
白すりごま……小さじ1
黒すりごま……小さじ1］
しそキャベツ（P81）……適量

作り方
❶ 玉ねぎはみじん切りにし、太白ごま油で透明になるまで炒め、ボウルに入れて常温に冷ます。肉とAを加えて粘りが出るまで和える。冷蔵庫で1時間寝かす。
❷ （お弁当にも使えるよう小さめの）小判形に整え、米粉、卵白1個分に対し水を大さじ2加えたもの、パン粉の順に衣をつける。
❸ 150℃の油に❷を入れ、カラリとするまで4分ほど揚げる。
❹ 器に❸、しそキャベツを盛り、ごまソースを添える。

なめたけの卵焼き

材料（3〜4人分）
卵……3個
なめたけ……大さじ3
日常だし（P148）……50mℓ
みりん……小さじ1
大根おろし……適量
ねぎ（みじん切り）……1本分
太白ごま油……適量

作り方
❶ 卵を割りほぐし、なめたけ、だし、みりんを加えてよく混ぜ合わせる。
❷ フライパンを中火で熱し、太白ごま油を薄くひき、❶の⅓量を流し込んで全体に広げる。周りが固まって半熟になったら、奥から手前に卵を巻き、巻き終わったら奥に寄せる。
❸ 油を全体に薄くひき、残りの卵液の半量を流し入れ、巻いた卵を菜ばしで持ち上げてその下にも卵液を流し込み、同様に巻いていく。粗熱が取れたら、食べやすい大きさに切り、大根おろしとねぎを添えて器に盛る。

日曜日

メイン　サーモンとアボカドクリームのパスタ
副菜❶　ささみとクレソンのサラダ
副菜❷　かぼちゃのローズマリー焼き　　調理時間20分

献立のポイント
時には好きなものをふんだんに組み合わせて、モチベーション維持を意識しましょう!

サーモンとアボカドクリームのパスタ

材料(3～4人分)

スパゲッティ……270～360g
アボカド……1個
サーモン(刺身用)……1さく
塩、こしょう……各適量

A
にんにく(すりおろし)……1かけ分
マヨネーズ……大さじ1
レモン汁……大さじ½
生クリーム……大さじ1
ごま油……大さじ1
EVオリーブオイル……大さじ1

作り方
❶ 大きめのボウルにAを入れ、アボカドの半分をフォークで崩しながら和える。
❷ アボカドの残り半分はひと口大に切る。サーモンは食べやすい大きさに切り、塩、こしょうをふる。
❸ スパゲッティは表示通りに茹でて湯を切り、❶のボウルで和える。全体が混ざったら❷も加えて混ぜる(塩分を控えめにし、いくらをのせても美味です!)。

ささみとクレソンのサラダ

材料(3～4人分)

鶏ささみ……4本
酒……大さじ4
塩……小さじ¼
クレソン……1束
プチトマト……4個

A
バルサミコ酢……小さじ1
しょうゆ……小さじ1
はちみつ……小さじ⅓
EVオリーブオイル……大さじ2
塩、こしょう……適量

作り方
❶ 小鍋に筋を取ったささみ、酒、塩を入れて火にかける。沸騰したら裏返してふたをし、火を止める。そのまま冷めるまでおいておく。
❷ クレソンは茎のかたい部分は取り除き、ざく切りにする。プチトマトは4等分にする。
❸ ボウルにAを混ぜ合わせ、❶をほぐして入れ、❷のクレソンを入れて和える。
❹ 器に盛り、プチトマトを添える。

かぼちゃのローズマリー焼き

かぼちゃは種をとり、1cm厚さのくし形に切る。スライスしたにんにく1かけ分をフライパンに入れ、オリーブオイルをたっぷり入れてゆっくり弱火にかけ、かぼちゃ、ローズマリーを加えて薄く色づくまで火を入れる。塩、こしょうで味をととのえる。

Case 2

作る時間がない

すぐやればすぐ終わる論

なるべく手間をかけたくない、時間をかけたくない、とにかくラクをしたい！ と思っている人は多いと思います。

買い物から帰ってきて、疲れてそのままドサドサと冷蔵庫にしまい込む。特売の肉は、面倒だからとパックでそのまま冷凍。水回りの垢や換気扇の油汚れも、見て見ぬふりをしていつかやろうとそのまま放置……。

食事後の溜まった洗い物を見て、「面倒だなぁ」と思う気持ち、とてもよくわかります。ただ、**そこにかける時間は、一体何分で済むのでしょう？ 10分、いや、5分もかからないことばかりです。**ただ、それを怠けると、数時間も、ヘタしたら数日も数か月もストレスが溜まり、精神衛生上よくありません。

「わかってはいるけれど、できない……」と思う人もいるでしょう。ですが、**負のスパイラルを作って料理熱を下げるのも自分、幸せのスパイラルで上げるのも自分なのです。**やることはとってもシンプルなことばかり。早ければいいってものでは

ありません。**「スピーディーかつ、丁寧にやること」**。これが私の料理のモットーです。もう1人の自分が怠けそうになったら、これを呪文のように唱えてみてくださいね。きっと数分後のあなたは清々しい気持ちになれて、もっと料理が楽しくなって、今まで以上に好きになれます。

工程をメモすると調理時間が短縮

「手際が悪くて……」「違うことを同時にできない」という悩みを、よく耳にします。たしかに、フライパンで炒めものをしている間にお浸しの味つけもこなすのは容易ではありません。煮ものなら放ったらかしでも大丈夫ですが、毎日煮ものではありませんよね。

調理をスムーズにするためには、シミュレーションが命です。頭の中で考えるのは、相当の経験が必要。まずは、**料理をする前にメモするクセをつけてください**。献立のメニューを書き出し、それらを作業工程ごとにリストアップします。

今夜の献立

- **豚のしゃぶしゃぶ ポン酢ソース**
- **きゅうり、レタス、茹で卵のサラダ**
- **ご飯**
- **なすのみそ汁**

調理の流れ

❶ **洗う・切る**↓きゅうり、レタス、なすを洗って切る。豚肉を切る。

❷ **下味**↓ポン酢ソースを作る。サラダのドレッシングを作る。

❸ **加熱**↓豚と卵を同時に茹でる。みそ汁を作る（ストックだし活用）。

❹ **味つけ・仕上げ**↓サラダをボウルで和える。器に盛る。

❺ **保存・片づけ**↓残った食材を冷蔵庫へしまう。調理器具の洗い物。

このように書き出すことで、作業全体を把握できます。スマートフォンに慣れている人なら、そこに打ち込んでメモするのも賢い方法です。

一度に洗って切るだけで、15分が浮く

書き出して気づいた人もいるかもしれませんが、何より大切なのは、**メニューをまたいで、作業工程ごとに進めるということ。**

実際に、段取りに悩んでいる人の動きを見てみると、メニューごとに思いついた順から追われてやっているため、「洗っては切り、包丁とまな板を洗い、火にかけ、また切るに戻り……」というように、行ったり来たりの流れ。余計な時間がかかってしまうことが多いようです。とにかく、**1つの工程に一点集中！**で、確実にこなしていきます。

とくに、食材の下ごしらえという作業は、今夜からぜひ意識してみてください。

一度に切り、鍋で順番に茹で、メニュー別にバットやボウルにポンポン組み分けす

るだけ。頭の中がすっきり整理される作業です。緑の野菜などは、翌日の夕ご飯やお弁当の分まで茹でてしまっても。

下ごしらえさえ終えたら、洗い物を一気に片づけて、あとはよーいドン！

とにかく動く前に30秒でも考えて、一生懸命やれば良い結果が必ず生まれます。

私は学生の頃、おもてなしのご飯作りで一日中キッチンに立っていました。あらかじめ考えていたはずなのに、無駄な動きが多すぎて……。まずは回数を重ね、失敗を経験して次に活かし、意識することを繰り返せば、必ず段取り上手になりますよ！

心に余裕を作るのは「一歩手前料理」

台所に立つ人なら、一度は「作り置き」という言葉を耳にしたことがあると思います。料理番組や情報番組で特集が組まれるほど、主婦には欠かせない「作り置き」。あらかじめ作っておいた料理のことを指します。

ただ、ホイコーローや餃子、青菜のごま和えなど、すべての味つけまで完了した料理ばかり。帰ってきて冷蔵庫を開けたらすぐ食べられるため、たしかにラクですが、時間が経つにつれ、食感も風味も損なわれがち。料理の自信がつくというより、段取りばかりを追求してしまうように思います。

今回提案するのは、あえて作り置きとは呼ばない、**高木流「一歩手前料理」**！ **料理のベースとなるものを下ごしらえしたり、シンプルな下味つけをしておくことで、後日さまざまな料理へ活用できることが特長です。**そのまま食べられるものも中にはありますが、作業が完了していないため、食べる前の仕上げ作業により、作り置いた惣菜よりも、**よりフレッシュでおいしくなり、食べたいものに臨機応変に展開することもできます。**

もちろん、調理時間短縮という最大のメリットを生かすことで、忙しさからも解放。今回は、野菜編、肉編、魚編、そしてタレ・ソース・ドレッシング編まで、冷蔵庫に常備しておきたい40品のレシピを紹介します。展開例も参考にして、あなた流の「一歩手前料理」を見つけていただけたらと思います。

万能トマト

展開例 →そのままサラダとして一品、肉や魚と炒める、せん切り野菜と和える、湯で割ってスープに、パスタの具、付け合わせに

❶沸騰した湯にトマト大3個を入れてさっと茹で、皮を湯むきする。

❷❶を半分に切って種を取り、好みの大きさのダイス状に切る。

❸塩小さじ½をふり、EVオリーブオイル大さじ2をかけて混ぜ合わせる。

にんじんのマリネ

展開例 →そのままサラダとして一品、肉や魚と炒める、豚肉や野菜と汁ものに、ツナやコーン缶と和える、付け合わせ、パスタの具に

❶にんじん2本をせん切りにする。ボウルに塩小さじ½、白ワインビネガー大さじ2、太白ごま油大さじ2〜3を入れて混ぜ、にんじんを加えて和える。

万能玉ねぎ

展開例 →オールマイティーに使える

❶玉ねぎ2個はみじん切りにする（必ず手で切ること。生食の場合、フードプロセッサーやスライサーは水分が出て食感がなくなるため向かない）。

❷❶をさらしかキッチンペーパーに広げて塩小さじ

1をふり、水分が出てくるまでよくもみ込む。

❸さらし（キッチンペーパー）のまま、流水で洗ってぬめりを取る。

❹そのまま水気をよく絞り、新しいキッチンペーパーで包んで、保存袋または保存容器に入れて保存する（使うたびにペーパーは新しくすること）。

紫玉ねぎのマリネ

展開例 →サラダ、和えものなどに。焼いた肉、魚に

❶ポリ袋にスライスした紫玉ねぎ1個分を入れ、塩ふたつまみをふってよくもみ込み、酢大さじ1を回しかけて口を閉じ、シャカシャカふる。

❷空気を抜いて口を締め、翌日から辛みなく食べられる。

しそキャベツ

展開例 →サラダ、炒めもの、汁もの、和えもの、付け合わせ、パスタなどに

❶キャベツ½個はせん切りにし（スライサーを使うと早い）、しそ30枚は1ミリ幅の極細のせん切りにする。

❷❶をボウルに入れて水をはり、軽くなじませるように合わせ、ざるに上げる。

❸しっかり水気をきり、保存容器に入れる。

シャキシャキほうれん草（クレソン）

展開例 ↓お浸し、にんにくとバターで炒める、汁ものや麺のトッピング、サラダに

❶ 湯を沸かし、塩1・5％と油少々を加え、ほうれん草（クレソンや春菊、小松菜でも）1束を持ちながら根元から立てて入れ、自然にクニャッと曲がるまでそのままにする。力を入れずに葉が入ったらすぐ氷水に落とす。

❷ 巻きすにまいてギュッと水気を絞り、4センチ長さにカットし、キッチンペーパーをしいた容器に入れて保存する（使うたびにペーパーは新しくすること）。

大根とにんじんのシャカシャカ塩

展開レシピ ↓付け合わせ、サラダ、炒めもの、みそ汁、和えもの、煮ものに

❶ ポリ袋に2ミリ厚さのいちょう切りにした大根とにんじん適量を入れ、重量の2％の塩を加えて口を閉じ、シャカシャカふる。

❷ 空気を抜いて口を締め、出た水分ごと保存する。

スチームポテト

展開例 ↓上質なバターと塩でリッチなじゃがバター、ポテトサラダ、グラタン、コンビーフなどとソテーしてパセリをふって、フライ、汁ものなどに

❶ 蒸気の上がった蒸し器に、じゃがいも（キタアカリ、インカのめざめなど濃厚なものがおすすめ）適量を皮付きのまま入れ、串が通るまで蒸す。

❷キッチンペーパーで覆い、保存する。

万能マッシュルーム

展開例 ↓そのまま温サラダに、パスタ、スープ、付け合わせ、ピラフなどに

❶フライパンにバター10gを熱し、5ミリ幅にスライスしたマッシュルーム100gを強火で炒める。色がついたらボウルに入れる。

❷同じフライパンに万能玉ねぎ（P80）ひとつかみ、塩ひとつまみを入れ、弱火でじっくり炒める。

❸玉ねぎがしんなりしたら、1のボウルに入れ、塩、こしょうで味をととのえ、パセリをふる。

塩茹で大根

展開例 ↓煮ても、焼いても、炒めても！

❶大根½本はピーラーなどで皮をむき、2センチ幅に切って面取りする。

❷鍋に❶を並べ、酒50㎖、塩小さじ1、かぶるくらいの魔法の昆布水（P148）を入れ火にかけ、竹串がスッと刺さるまで茹でて、そのまま冷ます。茹で汁ごと保存する。

ドライトマトのオイル漬け

展開レシピ ↓そのままおつまみに、モッツァレラと一緒にカプレーゼに、和えものやサラダのトッピングに

❶プチトマト1パックを半分に切ってキッチンペーパーで水気を取り、軽く塩をふる。100℃のオ

ーブンで2時間焼く（水分が抜けていないようなら10分ずつ様子を見て、好みのかたさに仕上げる）。

❷保存容器にスライスしたにんにく1かけとタイム2枚を入れ、粗熱を取った❶を入れ、トマトがひたひたになるまでEVオリーブオイルを注ぐ。やさしく混ぜ合わせて表面に容器のサイズに切ったキッチンペーパー（なるべく厚手）をのせ、保存する。

ラタトゥイユ

展開レシピ →そのままはもちろん、付け合わせ、パスタ、オムライス、卵料理全般に

材料（4人分）

トマト……2個（トマト缶なら½缶）

パプリカ(赤・黄)、ズッキーニ、なす……各½個

玉ねぎ……小1個

にんにく……½かけ

トマトペースト……大さじ1

コンソメスープの素……ひとつまみ

塩……小さじ½

オリーブオイル……大さじ4

❶トマトは湯むきして1・5センチ角に切る。他の野菜も1・5センチ角に切る。なすは水につけてアクを抜く。

❷フライパンにつぶしたにんにくを入れ、オリーブオイル大さじ1を熱し、香りが出たら玉ねぎ、パプリカを入れてじっくり炒め、一度皿に取り出す。

❸同じフライパンに残りのオリーブオイルを熱し、ズッキーニ、なすを入れて揚げ焼きにし、❷を加える。

❹❸にトマト、トマトペースト、コンソメスープの素、水¼カップ、塩を加えてふたをし、弱火で野菜がやわらかくなるまで煮込む。程よい食感が残る程度で火を止め、塩、こしょう適量で味をとと

のえる。

根菜ミックス

展開レシピ↓豚汁などの汁もの、煮もの、炒めものなどに

材料（作りやすい分量）

じゃがいも……大1個
にんじん……小1本
ごぼう……1本
れんこん……100g
酒……¼カップ
めんつゆ……½カップ
塩……小さじ½
太白ごま油……大さじ3

❶じゃがいもは5ミリ幅のいちょう切り、にんじん、れんこんは3ミリ幅のいちょう切りにし、れんこんは水にさらして水気をきる。ごぼうはささがきにし、5分ほど水にさらして水気をきる。

❷フライパンに太白ごま油、水気をきった1を入れて塩をふり、火にかける。油がなじんだら酒を加え、ふたをして2分蒸し焼きにする。

❸ふたを開けて天地を返し、めんつゆを加えて弱火～中火で材料に少し歯ごたえが残る程度まで火にかける。

長持ち塩豚

展開例 →炒めもの、煮もの、蒸しもの、汁ものに

豚バラ肉に塩（重量の２%）をもみ込み、１食分ずつラップに広げ、しっかりと空気を抜きながら閉じる。さらに保存袋や容器に入れて保存する（塩でもむことで保存がきくようになる）。

茹で豚

展開レシピ →茹で汁はスープとして使用できる。そのまま葉で巻いたり、汁もの、麺、炒めもの、煮もの、揚げものなどに

❶豚肩ロース肉は水分をよく拭き取り、密閉保存袋に入れ、塩（肉の重量の８%）をまぶして袋の上からよくもみ、冷蔵庫で２日寝かせる。

❷塩を洗い流して鍋に入れ、たっぷりの水を注ぎ、強火にかける。沸騰したら火を弱火にして（２５０gの肉なら20分ほど）アクを取り、肉を押して弾力が出て竹串を刺して赤い汁（ピンクか透明ならＯＫ）が出なければ火を止めて冷ます。保存袋や容器に入れて、茹で汁ごと保存する。

簡単蒸し鶏

展開例 ↓ハムのようにそのまま食べる、サラダ、汁もの、麺、炒めもの、煮もの、揚げものなどに

材料（作りやすい分量）

鶏むね肉……2枚
塩、砂糖……各小さじ1
酒……大さじ3
水……大さじ2
にんにく（叩く）……1かけ分
タイム……1枚
EVオリーブオイル……大さじ1

❶鶏肉は、厚みがある部分に切り込みを入れて開き、できるだけ平らにする。
❷皮と身にフォークで刺して穴をあける。
❸鍋に鶏肉を入れ、鍋の中で塩と砂糖をかけてよくもみ込む。
❹皮目を下にして、重ならないように並べ酒と水を回しかけ、タイムとにんにくを入れ、EVオリーブオイルをかける。鶏肉の表面にアルミホイルで落としぶたをする。
❺中火にかけて沸騰したら弱火に1分かけ、鶏肉を裏返して表面が白くなったら火を止め、落としぶたの上にさらにふたをして予熱で火を入れ完全に冷めるまで数時間おく。汁ごと保存する。

鶏チャーシュー

展開レシピ ↓そのままはもちろん、和えもの、サラダ、丼、チャーハンなどに

材料（作りやすい分量）

鶏もも肉……1枚
A
日常だし（P148）……½カップ
水……1カップ
しょうゆ、酒……各大さじ3

砂糖……大さじ2

❶鶏肉は皮目を下にして内側に塩（分量外）をふり、空気を抜きながらくるくると巻いてタコ糸でしばる。

❷フライパンに好みの油（分量外）少量を熱し、鶏肉を転がしながら全体に焼き色をつける。

❸鍋にAを入れて火にかけ、沸騰したら弱火にして❷を入れ、12～13分煮る。キッチンペーパーをかぶせてそのまま冷ます。

塩鶏そぼろ

展開レシピ ↓コロッケ、炒めもの、和えもの、おにぎりや混ぜご飯、汁もの、煮ものなどに

材料（作りやすい分量）

鶏挽き肉……200g

長ねぎ（みじん切り）……1本分

みりん……大さじ1

塩……小さじ½

ごま油……大さじ1～1・½

❶フライパンにごま油を熱し、弱火でねぎをゆっくり炒める。

❷しんなりしたら鶏挽き肉を加えてほぐしながら炒め、色が変わったらみりんと塩を加える。水分がなくなったらでき上がり。

カリカリ万能そぼろ

展開レシピ ↓チャーハン、コロッケ、炒めもの、和えもの、おにぎりや混ぜご飯、汁もの、煮ものなどに

材料（作りやすい分量）

合挽き肉……200g

塩、こしょう……各適量
ガーリックパウダー……適量
太白ごま油……大さじ2

❶フライパンにごま油を熱し、合挽き肉を炒める。出た脂をキッチンペーパーで取りながら、カリカリになるまで炒める。

❷塩、こしょう、ガーリックパウダーで味をととのえる。

ふわふわ肉団子

展開レシピ ↓煮もの、汁もの、鍋もの、炒めものなどに

材料（作りやすい分量）

豚挽き肉……400g
卵……2個
しょうが（みじん切り）……2かけ分
長ねぎ（白い部分）……½本
しょうゆ、砂糖、片栗粉……各小さじ2
塩、こしょう……各適量
水……大さじ4
揚げ油……適量

❶ボウルにすべての材料を入れ、粘りが出るまでよく混ぜる（ゆるめでOK！）。

❷ひと口大に丸めるかスプーンで落とし、170℃に熱した油で転がしながらカラッと揚げる。

牛のしぐれ煮

展開レシピ ↓和えもの、煮もの、混ぜご飯、麺類、チャーハンなどに

材料（作りやすい分量）

牛こま薄切り肉……200g
しょうが……15g
水……½カップ
酒……大さじ2

しょうゆ……大さじ3
砂糖……大さじ2
みりん……大さじ1

❶牛肉はさっと湯通ししておく。しょうがはせん切りにする。

❷鍋にすべての材料を入れて弱火にかけ、汁気がほとんどなくなるまで煮詰める。

プティサレ（自家製パンチェッタ）

展開レシピ →ポトフ、カルボナーラなどのパスタ、サラダ、煮込み、炒めものなどに

材料（作りやすい分量）

豚バラかたまり肉……500g
塩……6g（ハーブソルトがあれば合わせて）
にんにく（スライス）……2かけ分
EVオリーブオイル……大さじ2
タイム……3枚

❶豚肉は両面にフォークで穴をあけ、塩を全体にまぶす。

❷密閉保存袋に材料をすべて入れ、❶を入れて口を閉じ、冷蔵庫で2日おく（半日に1回、上下をひっくり返すとさらに良い）。時々袋から取り出して、中の水気はキッチンペーパーで取り除く。

❸2日経ったら袋から取り出してペーパーで水気を取ってバットにのせ、ラップをかけずに冷蔵庫の中で2日乾燥させる（その際も切って焼き食べられる）。

❹食べやすい大きさに切り、熱したフライパンで両面をこんがりと焼く。

魚編

ほぐし鮭

展開レシピ ↓おにぎりの具、お茶漬け、和えもの、サラダ、炒めもの、パスタ、混ぜご飯などに

材料（作りやすい分量）

甘塩鮭……2切れ
だししょうゆ……小さじ2
太白ごま油……大さじ1

❶魚グリルで鮭を焼く。皮と骨を取り除き、油とだししょうゆを加えてフードプロセッサー（フォークでもOK）にかけて粗めにほぐす。

ほぐしたらこ

展開レシピ ↓サラダ、和えもの、おにぎり、炒めものやパスタに

材料（作りやすい分量）

たらこ……3腹
酒……大さじ1

❶たらこは包丁の背やスケッパーで薄皮をとる（炒めるフライパンの中でやると洗い物が減る）。
❷フライパンにたらこ、酒を入れ、ゴムべらなどで押しつけるようにほぐしながら、ポロポロになるまで炒める。粗熱を取り、保存容器に入れて保存する。

まぐろのマリネ

展開レシピ ↓しょうゆをつけて食べるほか、サッと焼いたり、サラダ、和えもの、酢のものに

材料（作りやすい分量）

まぐろ（刺身用）……1さく

塩……ひとつまみ

A
- にんにく（叩く）……1かけ分
- 鷹の爪……1本
- タイム……1枝
- ローリエ……1枚
- オリーブオイル……1・½カップ

❶小鍋にAを熱し、香りが出たら火を止め、そのまま冷ます。冷めたら保存容器に入れておく。

❷まぐろの両面に塩をふり、そのまま冷蔵庫で30分おき、キッチンペーパーで出た水分をよく拭き取る。

❸❶に❷を入れ、2日後からおいしく食べられる。1週間ほど保存可。

鮭の洋風マリネ

展開レシピ ↓サラダ、和えもの、しょうゆをかけておにぎりの具に、チャーハン、パスタ、ホワイトソース（P98）と合わせてグラタンに

材料（作りやすい分量）

鮭（切り身）……2〜4切れ

玉ねぎ……½個

塩、こしょう、小麦粉……各適量

A
- 白ワインビネガー……大さじ1
- レモン汁……大さじ1
- 粒マスタード……小さじ½
- オリーブオイル……大さじ3

揚げ油……適量

❶鮭は食べやすい大きさに切り、塩、こしょうをふ

り、小麦粉をまぶす。玉ねぎは極薄切りにして水にさらす。

❷❶を170℃の油でカラッと揚げる。熱いうちにバットで混ぜたAに漬ける。水気をきった玉ねぎも加える。時々全体をよく混ぜる。

えびのガーリックオイル煮

展開レシピ ↓そのままおつまみに、サラダ、和えもの、チャーハン、パスタに

材料（作りやすい分量）

えび……10尾（200g）

塩……適量

A
- にんにく（叩く）……2かけ分
- 赤唐辛子……1本
- タイム……1枝
- ローリエ……1枚
- 塩……小さじ1
- オリーブオイル……1〜1・½カップ（えびが浸るまで）

パセリ（みじん切り）……1枝分

❶えびは殻をむいて背わたを取り除き、塩をふっておく。

❷小鍋にAを入れて火にかけ、にんにくがふつふつとし、オイルに風味が移ったら❶を入れ、途中で上下を返しながら約6分火を通し、そのまま冷ます。最後にパセリを散らす。

ねぎダレ（食べるドレッシング）

展開例 →白身魚、鶏肉や豚肉料理、豆腐にかけたり、チャーハンや炒めものの味つけに

材料（作りやすい分量）

長ねぎ（みじん切り）……1本分
塩……少々
ごま油……大さじ5
粗挽き黒こしょう……小さじ½

❶ボウルにすべての材料を混ぜ合わせる。

揚げものダレ（食べるドレッシング）

展開例 →唐揚げや竜田揚げにぴったり。白身魚やチキンソテーに

材料（作りやすい分量）

にんにく（みじん切り）……1かけ分
長ねぎ（白い部分のみじん切り）……1本分
しょうゆ……大さじ3
酢、砂糖……各大さじ2
紹興酒、ごま油……各大さじ1
白いりごま……小さじ1

❶フライパンににんにくを入れ、油少々（分量外）を入れて極弱火にかける。少し色がつき始めたら火から外し、粗熱を取る。
❷ボウルにすべての材料を混ぜ合わせる。

万能トマトダレ（食べるドレッシング）

展開レシピ ↓塩焼きにかけるほか、サラダ、和えもの、オムレツのトッピングに

材料（作りやすい分量）

トマト……大さじ2個
玉ねぎ……½個
パセリ……1枝
A［砂糖……大さじ1
しょうゆ、酢、太白ごま油……各大さじ2］

❶玉ねぎはみじん切りして、水にさらして水気をきる。パセリはみじん切りにする。トマトは湯むきして、1センチの角切りにする。
❷ボウルにAを入れてよく混ぜ、❶を加えて和える。

簡単甘辛ダレ

展開例 ↓肉を焼いた後にからめて丼にしたり、肉野菜炒めの味つけに。ひと味足りない時の煮ものに

材料（作りやすい分量）

しょうゆ……½カップ
みりん……1カップ

❶鍋にすべて入れ、半量になるまで煮詰める。

めんつゆ

展開例 ↓1人分のうどんや蕎麦を作りたい時に

材料（作りやすい分量）

極上だし（P147、なければ日常だしP148）……1カップ
みりん……¼カップ

しょうゆ……¼カップ

❶ 小鍋にみりんを入れて火にかけ煮きりし、だし、しょうゆを加えてひと煮立ちさせる。

粒マスタードドレッシング

展開例 ↓サーモンやカルパッチョ、サラダ、スチームポテト（P82）に

材料（作りやすい分量）

粒マスタード、白ワインビネガー……各大さじ2
塩……小さじ¼
しょうゆ……大さじ1
植物油……½カップ

❶ ボウルに植物油以外の材料を入れ、少しずつ油を加えて混ぜ合わせる。

自家製マヨネーズ

展開例 ↓市販品と同様に（笑）、作りたては蒸し野菜が絶品！

材料（作りやすい分量）

卵黄……1個
マスタード……15g
塩……小さじ⅔
こしょう……適量
白ワインビネガー……小さじ2
植物油……1カップ

❶ ボウルに卵黄、マスタード、塩、こしょうを入れて混ぜ、白ワインビネガーを加えて、泡立て器でよく混ぜる。

❷ 泡立て器でかき混ぜながら、植物油を糸を引くように少しずつたらして加え、乳化させる（もしあればハンディブレンダーだと一瞬でできる）。

❸全部入ったら全体を強くかき混ぜて、しっかりと乳化させて仕上げる。必要であれば塩、こしょう（分量外）で味をととのえる。

ツナソース

展開例→茹で・蒸し野菜や魚料理に、ディップソースとして

材料（作りやすい分量）

ツナ缶……1缶
玉ねぎ……¼個
アンチョビー……2枚
白ワインビネガー……小さじ1
マヨネーズ……¾カップ
砂糖……小さじ¼
塩、こしょう……適量

❶すべての材料をフードプロセッサーに入れ、好みのかたさになるまでかくはんする。

ベーコンチーズクリームソース

展開例→パスタ、ニョッキ、ドリア、ソテーしたポテト、うどんに

材料（作りやすい分量）

バター……30g
ベーコン（粗みじん切り）……100g
生クリーム……1カップ
粉チーズ……大さじ4
粗挽き黒こしょう……小さじ½
塩……適量

❶熱したフライパンにバターを溶かし、ベーコンを炒めて香りがしてきたら生クリームを加え、ひと

煮立ちしたら火を止める。粉チーズとこしょうを加え、塩で味をととのえる。

ホワイトソース

展開例 ↓グラタンやラザニア、クリーム系パスタに、シチューやスープなどは牛乳でのばして

材料（作りやすい分量）

小麦粉（ふるっておく）、バター……各60g
牛乳……1ℓ
塩……小さじ1強
こしょう……適量
ナツメグ……少々

❶鍋にバターを入れ火をかけ、完全にとける直前に弱火に落とし、小麦粉を加えへらでじっくり炒める。ボソボソと沸き立った後、急にさらりとしてきたら、火を止め、粗熱を取る。

❷小鍋に牛乳を入れて火にかけ、鍋の内側がふつふつしたら❶の鍋に加え、鍋底からへらで混ぜ、全体をよく混ぜる。

❸中火にかけ、とろみがつくまでたえず泡立て器でよく混ぜ合わせる。塩、こしょうで味をととのえ、ナツメグをふって混ぜる。

シンプルトマトソース

展開例 ↓魚介のペスカトーレ、トマトとモッツァレラとバジルのパスタ、にんにくと唐辛子を加えてアラビアータに

材料（作りやすい分量）

トマト缶（ダイス）……1缶
玉ねぎ（みじん切り）……½個分
にんにく（叩く）……½かけ分

塩……小さじ½
バジル……1枝
オリーブオイル……大さじ20

❶鍋にオリーブオイルとにんにくを入れて弱火にかけ、香りを出す。

❷❶に玉ねぎと塩を加え、甘くなるまで10分ほどよく炒める。

❸トマト缶とバジルを加え、甘みが出るまで弱火で20分煮る。にんにくとバジルは取り出す。ミキサーにかけると、なめらかに仕上がる。

濃厚トマトソース

展開レシピ ↓かにクリームコロッケ、オムレツなどに

材料（作りやすい分量）

トマト缶……1缶
ローリエ……1枚
顆粒コンソメ……小さじ2
砂糖……小さじ1
オリーブオイル……大さじ1
トマトジュース（無塩）……½カップ～

❶鍋にトマトジュース以外の材料をすべて入れ、水分がほとんどなくなるまで煮詰める。粗熱を取り、ミキサー（またはフードプロセッサー）にかけ、なめらかになったらトマトジュースを加えて好みの濃度に仕上げる。

*トマト缶は酸味が強いので、煮詰めることで酸味を甘みに変えます。トマトジュースはそのまま飲んでもほのかな酸味がおいしいので、これらをブレンドすることが、私の好みのトマトソースとなりました。トマトジュースは「オオカミの桃」というものがおすすめです。

春菊とバジルのソース

展開レシピ ↓魚やパスタ、お肉に

材料（作りやすい分量）

バジル……30g
春菊……20g（苦手な場合はバジルを2倍量に）
にんにく……½かけ
松の実……15g
EVオリーブオイル……1カップ
粉チーズ……大さじ2～3
塩、こしょう……各適量

❶松の実はフライパンで炒り、春菊はやわらかくなるまで茹でて粗みじん切りにする。
❷フードプロセッサーに❶とバジル、にんにくを入れてかくはんし、少しずつEVオリーブオイルを加えてさらにかくはんする。粉チーズを加え、塩、こしょうで味をととのえる。

1品しか作れない時は「カサ増し」頼み

私は3人の兄がいて、6人という大家族で育ちました。兄たちはみんな運動部でよく食べ、お米は月に60キロ、牛乳は週に20本……。お肉は必ずキロ買いでした。母は朝からお弁当を4つ作り、ご飯はお弁当と朝ご飯、早弁用のおにぎりで朝から

1升炊いていたんです(笑)。帰る時間もバラバラな兄弟たち、時には友達を連れて帰ってくることもあり、母は温かい料理も冷たい料理も完璧な状態で出してくれていました。

母は特にモヤシやキャベツ、白菜などの野菜をたくさんの料理に活用して、かさ増ししていました。今考えると、それが**ボリュームをアップするだけでなく、時間がないという人にもぴったりだと気づきました。**どうしても副菜を作る時間がない……という時には、1品で野菜もたっぷり、栄養バランスのとれた立派な料理になっているからです。

たとえば、ハンバーグなどの挽き肉料理には玉ねぎだけでなく豆腐、にんじん、ピーマン、きのこ、ありとあらゆる野菜がゴロゴロ入っていたり、餃子には肉以外にたっぷりの白菜や春雨が。肉野菜炒めには、肉のほかにそぎ切りにしたちくわや厚揚げで、大満足！　そぎ切りにしたちくわって、片栗粉をまぶしてタレと煮からめると、じつは豚肉のような食感になるのです。きんぴらごぼうも、こんにゃくがたっぷり、カツ丼や親子丼など卵でとじるような料理には、手でちぎった豆腐でか

さ増し。角煮にはお麩が入り、コロッケにはおからもたっぷり。魚の煮つけには厚揚げやれんこんなども添えられていました。大家族はもちろん、**1品で精一杯……という時には、かさ増しの出番ですよ。**

おいしい時短を叶える冷凍のきほん

時短といえば、なくてはならないのが冷凍庫。用意しておけば、電子レンジで解凍するだけで簡単にご飯ができるので、主婦の強い味方であることは言うまでもありません。

家庭用の冷凍庫なら、おいしく食べられる期限は2、3週間〜1か月程度。冷凍庫ではあらゆる食材を保存できる一方、いろいろなにおいが出ますよね。においは冷凍庫内や保存袋に移り、それがにおいを吸収しやすいバターやパンに移る原因に……。また、冷凍庫の開け閉めで温度が上がったり下がったりすると、食品の表面が溶けます。溶けた水分が再び凍ると、それが霜として食品の表面などに付着する

のです。霜の正体は食品が本来持っていた水分なので、霜がついている食品ほど乾燥していて、風味が落ちてしまっています。

いくら便利だからといって、おいしさがぐーんと落ちてしまうのは本末転倒。**冷凍時には、「頑丈ラップ」×「保存袋」のダブル保存を徹底しましょう。においや霜から守ってくれます。**

＊冷凍する日付を袋や在庫リストに記入（P110）
＊魚・肉・野菜・惣菜・その他など、分類別に指定席を決める
＊クリップを付けて見やすくする（図書館のような収納）
＊ブックスタンドを活用して立てて保存

そんな基本を押さえつつ、冷凍庫をかしこく活用するためのルールは上記の４つ。これらも常に念頭において、お

いしさをキープしていただけたらと思います。

ハンバーグの冷凍は「焼き固めておくだけ」

作り置きの定番であるハンバーグ。あなたは、どのように保存をしますか？

ハンバーグのたねを冷蔵保存した場合、おいしく食べられる期間は残念ながら当日です。挽き肉からドリップが出たり、ただでさえ傷みやすい挽き肉をさらにこねることで雑菌が繁殖しやすいからです。ただ焼けば日持ちする、という話でもありません。生よりも2、3日は持ちますが、これもなるべく避けたいところ。もし、完成したハンバーグを食べる時に温め直すとどうなるでしょう。熱が入りすぎて肉汁が蒸発しパサパサに……。

では、冷凍保存をしたらどうなるのでしょう？

生の状態で冷凍をすると、解凍した時に肉と水分が分離し、ドリップが出やすくなってしまいます。また、加熱したハンバーグを冷凍しておいても、冷蔵保存と同

じく、再加熱をした時にパサつきやすくなるのです。

息子の大の好物であるハンバーグ。今まで数えきれないほど作ってきましたが、**ベストな保存方法は「周りを焼き固めておくだけ」の状態**にたどり着きました。

肉の周りを香ばしく焼き上げ、壁を作りドリップが出ないように焼き、中は生の状態。これなら再加熱をした時に水分を補いながら蒸し焼きにすればふっくらジューシーに仕上がります。意識的に「どうやったらおいしく食べられるかな?」とでき上がりのイメージをすることが大切。野菜をシャキッと生で食べたいのならもちろん冷凍は向きませんし、逆にしんなりと食べたいなら冷凍していた野菜を使うほうがよく、時短もできます。

解凍時は肉に気づかれないようにすること

冷凍の場合はどんな素材でも、**解凍はレンジで加熱せず、冷蔵庫に移して時間をかけながら自然に解凍していくのが基本です。**いわゆる自然解凍です。

先ほどのハンバーグのように冷凍肉の場合だと、外側と中心部の温度差が少ない状態で解凍されていくほうがドリップの流出をある程度抑えられます。できるだけ肉全体が同じ温度に近い状態で解凍するのがおいしく解凍するコツ。**肉に気づかれないように、外側と中心、全体が同じ温度に近い状態で解凍するイメージ**です。

電子レンジでの解凍について、電子レンジは優れた解凍機能を持つものから、弱加熱するだけのものもあります。家庭のレンジの特徴を知るためにも、お使いの電子レンジの解凍機能で肉の解凍を一度試してみてください。自然解凍とドリップの出方を比べてみて変わりがないようなら、あなたのお使いの電子レンジは優秀な解凍機能があります。一方、ドリップの量が多いようでしたら、やはり自然解凍が無難ということになります。

冷凍野菜のストックで瞬発力アップ！

冷凍の中でも定番なのが、安くてボリュームのある野菜。下茹でしたり、細かく

切っておくだけで、「組み合わせる具材、どうしよう……」という時に迷うことなく一瞬で決まります。準備万端な状態で待機しているので、そのまま炒めものや汁ものに使えて便利なのは、いうまでもありませんね。

ただ、きちんとした方法で冷凍できていないと、食感がふにゃふにゃ、味の薄い具材になりかねないことも。ここでおさらいして、急な料理にもおいしく活用できる野菜冷凍をマスターしましょう。

● **ピーマン**↓半分に切り、ヘタや中の種などを取り洗って水気を取り冷凍。使う際は、凍ったまま食べやすい大きさに切り、炒めものなどに。

● **玉ねぎ**↓せん切りやみじん切りにして冷凍。切った玉ねぎは、保存袋に入れ平らにして冷凍。使う際は、凍ったまま炒めものやスープの具に。切って保存することでさまざまな料理に使うことができ、玉ねぎの繊維が壊れているので火を加えることで甘みが増し、飴色玉ねぎも早くできます。

● **ほうれん草**↓生のままでも茹でて冷凍しても大丈夫です。生のまま冷凍したほう

れん草を使う際は、熱湯で茹でて和えものや炒めものにします。

茹でて冷凍したほうれん草を使う際は、解凍してからスープの具などに。

●**トマト**↓ヘタを取り丸ごと、もしくは細かく切って冷凍。丸ごと冷凍したトマトを使う際は、解凍してから調理し、細かく切ったトマトを使う際は、凍ったままスープやソースなどの具として使います。

●**とうもろこし**↓皮をむいて1本ずつラップに包んで冷凍。使う際は、凍ったまま熱湯に入れて3分ほど茹でる、もしくは凍ったまま電子レンジで7分ほど加熱します。

●**大根**↓3センチの厚さの輪切りにしてラップに包んで冷凍。使う際は、半解凍のまま大根おろしや煮もの、酢のものにします。

●**キャベツ**↓使いやすい大きさに切り、保存袋に入れて冷凍。使う際は、電子レンジで軽く解凍して水分を絞り、サラダや和えものなどに。炒めものやスープの具として使う場合は、凍ったまま調理可能。

●**オクラ**↓かために茹でて輪切りにしてから保存袋に入れて冷凍すると、調理する

時にラクです。使う際は電子レンジなどで解凍して、豆腐やうどんの上にのせるとおいしいです。

● **かぼちゃ**↓食べやすい大きさに切り、サッと茹でて、ひとつひとつくっつかないように冷凍、もしくはマッシュしてから保存袋に入れて冷凍します。使う際は、凍ったまま鍋に入れサッと煮ます。

● **もやし**↓軽く茹でて水気をきって冷凍。使う際は、自然解凍すると食感が悪くなるので凍ったまま調理します。炒めものやみそ汁の具として。

● **きゅうり**↓薄く輪切りにし、塩もみをして水分を十分にぬいて冷凍。使う際は、自然解凍して酢のものやサラダなどに。

● **枝豆**↓かために茹でて冷凍。使う際は凍った状態で熱湯に入れ、2分ほど茹でます。和えものなどの具や、そのまま食べてもおいしいです。

● **じゃがいも**↓火を通しつぶしてから冷凍。使う際は、自然解凍してポテトサラダやコロッケなどに調理します。

● **さつまいも**↓1センチくらいの輪切りにして、茹でて水気を取り冷凍。使う際は、

凍ったまま汁ものや煮ものの具に。

- **山いも**↓皮をむいてすりおろし、変色防止のために数滴の酢を混ぜて保存袋に入れ、平らになるように冷凍。
- **ごぼう**↓ささがきにし水にさらしてアクを抜き、熱湯でサッと湯がいて冷凍。使う際は、凍ったまま煮ものや炒めものなどに。
- **ブロッコリー**↓小さめの房に分け、かために塩茹でして冷凍。使う際は、凍ったまま炒めものやスープの具にします。
- **れんこん**↓皮をむいて薄い輪切りにして酢水に漬けてアクをぬき、水分を切ってから重ならないようにラップで包んで冷凍。使う際は、凍ったまま炒めものや煮ものなどに調理します。

食材の「見える化」で無駄買い防止

冷蔵庫の奥底から出てきた化石になったしょうが。冷凍庫から「コレ、なんだっ

け？」と現れる謎の物体や肉のかたまり。経験はありませんか？

私は以前、よく使う食材や気に入っている調味料を切らすのが怖く、いくつもストックして、冷蔵庫やパントリーは常にぎゅうぎゅう。麦茶や紅茶も銘柄違いであれこれ、香辛料もひと通りそろえ、ツナ缶やスープ、干ししいたけにひじきや鰹節、友人からお土産でもらった調味料やドレッシング、そしてビールまで2ケース……。「いざ！って時が来る」。ずっと、そう思っていたのです。

ただ、調味料がなくなる直前になると、買い物に出かけた際に「ないかも！」と思って買い足して、結局同じものがいくつもダブってしまうことが多々ありました。**在庫の把握がしっかりできていなかった**のです。今考えると、なんて無駄なこと（お金だけでなく、時間も！）をしてしまったんだろうと反省します。

いつからかパントリーはスッキリ見渡せ、ストック食材は賞味期限を迎える前に使いきることができ、ダブった買い物もなくなりました。その秘密はとても**原始的な方法、紙とペンで書く「在庫リスト」を作ったことです！**

買ったストック食材は、在庫数量（正の字で！）と賞味期限をジャンルごとに記

入し、「パントリーや収納ケースに入らない分は買わない」と決めること。

「在庫リスト」は冷蔵庫やパントリー（ストック収納棚）の扉など見やすい場所に張り付け、使った日には正の字の棒を1本消すだけ。

つまり**「リストを見ただけで、何がいくつあり、いつまでに食べるのか」が一目瞭然でわかる**のです。賞味期限が近いものにはわかりやすいように印を付けておけば積極的に使う気になれ、案外ここから献立が決まる時も(笑)。すぐに書き消しできるようペンをぶら下げておくのも、大事なポイントですよ。

冷蔵庫の中を見つつ、冷蔵庫以外の在庫も同じ位置ですべて確認できて便利!

困った時の卵料理

私はいつも冷蔵庫のストックや野菜がスッカラカンになるまで買い物に行きません。今まではちょこちょこ買い足すペースにしていたのですが、やはり新しい食材は新鮮&魅力的で、ついその日のメニューにして、買っておいた食材はストレスを感じながら消費していたのです。

しかしいつからか、買い足さずに「使いきった！」という達成感がたまらなく好きになり、ここ最近は「あるもので何とかしよう論」が自分のポリシーとして確立。

とはいえ、使いきる最後の1、2日は野菜がほんの少ししかない……という時だってあります。でも**「卵ならある」という状況、意外にありませんか？** 茹で卵、温泉卵、目玉焼き、スクランブルエッグが代表的な卵料理ですが、ちょっと新しい発想で作ると、胸を張って出せる一品に。**卵ほど万能な食材はなく、卵さえあれば、多様な副菜が作れます。**ぜひ、困った時には作ってみてください。

卵と青菜の炒めもの

卵は割りほぐし、塩、こしょうをする。フライパンに太白ごま油を熱し、卵を入れて半熟になったら取り出す。同じフライパンに油を足し、5センチ幅に切った青菜（ほうれん草や小松菜など）、水少々を加えて炒める。オイスターソース、しょうゆ、炒めた卵を入れ、全体をサッと和えたら器に盛る。

卵と油揚げの袋煮

油揚げは半分に切り、中に卵を割り入れて、爪楊枝で切り口を縫い付ける。しょうゆやみりん、砂糖の甘辛い味つけなどで、12分煮る。中はトロトロの半熟でご飯のおかずにぴったり。油揚げは冷凍しておくといつでも作れます！

卵とじ

沸騰した煮汁に、ほぐした卵を（できる範囲の）高い位置から穴じゃくしを通して加えると、細くフワッとした卵になります。うどんのかけスープや、かき玉汁に

どうでしょうか。

揚げ卵（フライドエッグ）

小皿に割った卵を、高温に熱した油でサッと揚げます。白身で黄身を包み込むように形を整え、白身が固まったらすぐに取り出し、塩をふっていただきます。揚げ時間は約1分がベスト。我が家ではフライドポテトを作る時に一緒に揚げて、黄身とからめながら食べます！　茹でたアスパラにのせたり、魚介のサラダにも合い、満足度の高い一品にしてくれますよ。

茶碗蒸し

一度は作りたい自家製の茶碗蒸し。だしが多めのフルフル生地をご紹介しましょう。卵3個をボウルに割り入れ、卵白をはさみながらコシを切り、菜箸の先をボウルの底につけたまま左右に動かします（泡立ちを抑えられます）。だし600㎖を火からおろしたらすぐに薄口しょうゆ小さじ4、塩小さじ⅓、みりん小さじ2を加

え、ボウルに入れて卵と混ぜます。蒸す器の上でざるでこし、蒸気の立った蒸し器で弱火で10～15分ほど蒸します。

漬け卵

時間がある時に作っておくと、嬉しい副菜に。

半熟卵の皮をむき、めんつゆやタレ、しょうゆと共にジップ付きの袋に入れ、キッチンペーパーを表面にかぶせ、冷蔵庫でひと晩漬けます。キッチンペーパーをかぶせることにより、少量の調味料でもおいしく浸かります。

ピンチを劇的に救う「ご飯の友」&「缶詰」

現在、日本の共働き世帯の割合は半数以上。小さなお子さんを持つ家庭は、仕事の後に保育園のお迎えに行き、そこから買い物、そして料理を作り始めることも日常茶飯事。ただでさえ仕事で疲れた体に、お腹を空かせた子どもたちの「お腹空い

た〜！」コールは、ちょっと辛いものがありますよね……。

「作り置き」やP78で紹介してきた「一歩手前料理」はラクをしながらも、ちゃんと料理を作るうえで大助かりな存在ですが、SNSの「#つくりおき（ハッシュタグ）」を見ていて、ひとつ気がついたことがあります。

それは、日持ちして味つけにもなる「神的存在＝ご飯の友、缶詰」の出番が少ないこと。買い物に行く暇もない時や、出かける気力が湧かない時など、**ピンチを救ってくれるのが、市販されている瓶詰めなどの「ご飯の友」や「缶詰」なのです。**こんなに便利な食材を使わぬ手はないし、これはもったいない！と、このページに、活用法や新しい食べ方を書き記したいと思います。最後には、自家製のレシピもありますよ！

「ごはんの友」のおいしい食べ方

● **たくあん**↓細切りをねぎトロと和えて海苔巻きに。ざく切りを納豆と混ぜてご飯や冷や奴に。みじん切りとしその細切りで混ぜご飯に。細切りをごま油で炒めて

白ごまをふる。焼いた豚肉とレタスで巻いて食べる

● **ザーサイ**↓粗みじん切りをごま油で炒めて、どっさりねぎと混ぜご飯に。細切りにしてもやしナムルに混ぜる。みじん切りにしてチャーハンに加える。卵スープに入れる。春雨サラダに加える。白菜と豚肉とごま油で炒めてねぎをのせる

● **紅しょうが**↓細かく切ってねぎと卵焼きに混ぜる。豚肉と炒めると即席しょうが焼きに。野菜やえびとかき揚げに。コールスローのアクセントに混ぜる。細かく切ってご飯に混ぜる（お酒の〆に）

● **メンマ**↓刻んでチャーハンに。ごま油でほうれん草と炒め、だしとしょうゆで味つけする。もやしナムルに加え春巻きの具にする。塩もみきゅうり、「食べるラー油」と混ぜる。チンジャオロースーのたけのこの代わりに。ねぎと中華スープの具にする。焼きそばの具に。鶏もも、ニラと炒めオイスターソースで味つけする

● **海苔の佃煮**↓溶かしバターを少量加えて茹でたパスタと和える。薄味のみそ汁に少し加える。油揚げにみそとともに薄くぬりグリルで焼く。茹でたキャベツと混ぜてマヨネーズで味つけする。アボカドと和える。厚揚げにのせてチーズをかけて溶けるまで焼く。マヨネーズと混ぜてフライドポテトにつけて食べる

● **昆布の佃煮**↓卵そぼろと混ぜておにぎりの具に。マヨネーズと混ぜてディップに。炊きたてのご飯と塩もみ野菜と混ぜご飯に。明太子パスタのトッピングに。茹で鶏に添える。卵焼きに巻き込む。鶏そぼろに混ぜる。ペペロンチーノのアクセントに。粗く刻んだちくわと混ぜてマヨネーズと和える

● **らっきょう**↓タルタルソースのピクルス代わりに。ポテトサラダに。刻んで焼き肉のタレに加える。マヨネーズとツナと合わせてサンドイッチの具に。スライスして豚しゃぶサラダにトッピング。魚介のサラダのアクセントに。ハンバーグの

付け合わせに。スライスしてチャーハンに

● **福神漬け**↓漬け汁ごとタルタルソースに。カレーチャーハンに。卵かけご飯にトッピング。マヨネーズと合わせて和えものに。シュウマイや餃子の箸休めに。焼そばの具に

● **いぶりがっこ**↓カマンベールチーズとクラッカーにのせる。ポテトサラダに加える。角切りにしてクリームチーズと混ぜておつまみに。マカロニサラダに加える

● **しば漬け**↓しそと刻んでチャーハンに。ポテトサラダのアクセントに。みじん切りにしてマヨネーズと混ぜて野菜ディップに。刻んでちらし寿司に。納豆と合わせてパスタに

● **野沢菜**↓刻んでチャーハンに。刻んで混ぜご飯も。冷や奴にのせてごま油をかけ

る。ポテトのバター焼きに混ぜる。マヨネーズと和えてディップに。白ごまと混ぜておにぎりの具に

●**ちりめん山椒**↓チャーハンに。ペペロンチーノに。青菜炒めに加える。豆腐サラダに和える。ナッツとご飯に混ぜる

●**ほぐし鮭瓶**↓ご飯にのせる。お茶漬けやおにぎりの具に。チャーハンに。パスタに

「缶詰」のおいしい食べ方

●**豆（ミックスビーンズ）**↓サラダに。トマトと煮込みに加える。パスタに

●**ツナ缶・ささみ缶**↓野菜と炒める。（生）春巻きの具に

● **スパム缶**↓残った野菜と焼く。リゾットやパスタの具に。細かく切ってチャーハンの具に。スライスしてスパムにぎりに。サラダに

● **ホタテ缶**↓汁ごとスープに。汁ごと炊き込みご飯に

● **サバ缶**↓煮ものに。炊き込みご飯。和風パスタの具に。なすと炒めものに。チャーハンに。茹で野菜と和えものに

● **コンビーフ缶**↓ポテトと炒める。マヨネーズと和えてディップに。チャーハンに。サンドイッチの具に。グラタンの具に

● **やきとり缶**↓卵でとじて焼き鳥丼に。ねぎや野菜と一緒に炒める（味つけ不要）

● **タイカレー缶**↓ご飯にかける。キャベツなど大もの野菜の炒めものの味つけに。

そうめんのつけダレに

● **スイートコーン缶**↓そのまま塩こしょうで炒める。サラダに。スープに。スパイス系の炒めものに

● **アンチョビー**↓パスタのソースに。炒めものの隠し味に。バターとにんにくと炒めものに

● **オイルサーディン**↓缶のままマヨネーズをかけてパン粉をふり、トースターで焼く

● **さんま蒲焼き缶**↓すし酢ときゅうりと混ぜご飯に。炒めものに

ひじき入り混ぜご飯の素

展開例 ↓そのままかけても、いなり寿司のご飯に混ぜても。「まごわやさしい」をほぼ網羅！

材料（作りやすい分量）

乾燥ひじき……50g（洗ってたっぷりの水で戻す）
干ししいたけ……2枚（ひたひたの水で戻す。戻し汁はとっておく）
油揚げ……2枚（熱湯をかけて油抜きをしておく）
にんじん……½本
大豆水煮……1缶（洗って水気をきっておく）
ごま油……大さじ½
白ごま……大さじ2
煮汁《だし……2カップ　干ししいたけの戻し汁・砂糖・酒……各大さじ2　みりん……大さじ3　しょうゆ……大さじ4》

❶油揚げは縦半分に切り、短冊切りにする。にんじんは3センチ長さのせん切り、干ししいたけは軸をとり薄切り、ひじきは長ければ食べやすい長さに切る。

❷鍋にごま油を入れ、❶を炒め、全体に油がからんだら大豆と煮汁を加えて落としぶたをし、時々天地を返しながら12分煮る。冷めたら白ごまを加えて混ぜる。煮汁につけたまま保存し、混ぜる時には汁気をきる。

チキンライス＆オムライス＆ナポリタンの素

展開例 ↓ご飯や茹でたパスタと混ぜるだけ！

材料（作りやすい分量）

鶏もも肉……250g

玉ねぎ……1個
マッシュルーム……6個
ピーマン……2個
バター……30g
ケチャップ……180㎖
ウスターソース……小さじ1
生クリーム……大さじ4
塩、こしょう……各適量

❶玉ねぎはみじん切り、マッシュルームは薄切り、ピーマンはざく切り、鶏もも肉は火が通りやすいように1センチ角に切る。
❷フライパンを熱しバターを溶かし、鶏もも肉、玉ねぎ、マッシュルーム、ピーマンの順に炒める。
❸具に火が通ったら、ケチャップを加えて少しオレンジかかるまで炒め、生クリームを入れてひと煮立ちをさせ、鍋肌からウスターソースを回し入れ、塩、こしょうで味をととのえる。冷蔵もしくは冷凍保存する。

材料の無駄をなくす

「野菜の皮に栄養がある」という話、ご存じですか？　昔の人は、皮をむかないのが当たり前。江戸時代から伝わる切り干し大根やたくあん、漬けものは皮をむきません。しかし戦後、外国産の野菜が出回るようになってから、外国産の皮には農薬

や防腐剤がついていることが多いということから、皮をむく人が一気に増えたそうです。

しかし**野菜や果物、穀物の皮や種、皮と身の間には、身の部分以上の食物繊維、そしてミネラルやビタミンなどの栄養がたっぷりあるのです。**大根の皮には抗酸化作用のあるビタミンC、毛細血管を強くするビタミンPが、しょうがの皮と身の間には、脂肪燃焼に役立つジンゲロンなどの有効成分が含まれています。たとえば、大根やにんじんの皮はきんぴらやかき揚げすると歯ごたえもよく、おいしく食べられます。**材料の無駄をなくすことで、始末のよい献立にしてはどうでしょうか。**

- **ピーマンの種**↓炒めものや汁ものに入れる
- **りんごの皮**↓煮出してアップルティーに。酢に漬けてリンゴ酢に
- **じゃがいもの皮**↓そのまま皮付きポテトに。よく洗ってきんぴらに
- **柑橘類の皮**↓砂糖と煮てマーマレードジャムに。細切りにして乾燥させグラニュー糖でピールに

● **キウイの皮**↓洗って皮ごと食べられる。抵抗のある人はそのままジュースにするとおいしく食べられる

● **かぼちゃの種**↓オーブンで乾燥させてパンプキンシードにする。塩こしょうで炒めておつまみに

● **玉ねぎの皮**↓湯で煮出してスープに。ミキサーで粉末にして料理に入れる

● **ブロッコリーの芯**↓やわらかめに茹でる。温野菜や付け合わせ・炒めものに

● **キャベツの芯**↓茹でる。せん切りにして炒めものに

また、**そのまま食べるのに抵抗がある人におすすめしたいのが、「野菜だし」**。2、3日野菜の芯や皮、種を冷蔵庫で溜めておき、両手いっぱいの量になったら、鍋に水と酒を加えて弱火で煮出すだけ！　栄養満点の黄金色のだしがとれます。

野菜だしにはファイトケミカルという抗酸化作用のある物質が含まれ、免疫力アップに役立つといわれています。

月曜日

メイン　**そぼろとパクチーの焼飯**
副菜　**肉団子と大根の煮もの**
ザーサイと卵のスープ

調理時間20分

献立のポイント

メイン具材のそぼろを用意しておけば、時間がなくてもリッチに仕上がります!

そぼろとパクチーの焼飯

材料(4人分)

カリカリ万能そぼろ(P88)……150g
パクチー……1束
長ねぎ……1本
しょうが……1かけ
にんにく……½かけ
カシューナッツ……¼カップ
ご飯……4膳分
太白ごま油……大さじ3

A
オイスターソース……小さじ1
ナンプラー……大さじ1
しょうゆ……小さじ½

塩、こしょう……各適量

作り方

1. ねぎ、しょうが、にんにくはみじん切りにする。パクチーはざく切りにする。
2. カシューナッツはオーブントースターでカリッとするまでトーストする。
3. フライパンに太白ごま油を熱し、長ねぎ、しょうが、にんにくを入れて弱火にかけ、香りが立ったらご飯、カリカリ万能そぼろを加えて炒め、Aを入れてさらに炒める。塩、こしょうで味をととのえる。
4. カシューナッツ、パクチーを加え、サッと混ぜたら火を止めて皿に盛る。

肉団子と大根の煮もの

材料(4人分)

ふわふわ肉団子(P89)……8個
塩茹で大根(P83)……4切れ
しいたけ(薄切り)……2枚分
しょうが(せん切り)……1かけ分
日常だし(P148)……1カップ
しょうゆ……小さじ1
みりん……小さじ½

作り方

1. 鍋にだし、しょうが、肉団子、塩茹で大根、しいたけを入れて火にかける。
2. 沸騰したら弱火にし、しょうゆ、みりんを加えて弱火で10分煮て、火を止める。

ザーサイと卵のスープ

簡単! 鶏のUMAMIスープ(P153)を温め、ザーサイ、長ねぎのみじん切り適量を加え、溶き卵を流し、ひと混ぜする。好みでラー油や酢を加える。

火曜日

メイン　**茹で豚のちらし寿司**
副菜　**しそキャベツのコールスロー**
大根とにんじんのみそ汁

調理時間15分

献立のポイント
副菜は、「一歩手前」でパパッと調理。ちらし寿司は豪華なのに、手間いらず!

茹で豚のちらし寿司

材料(4人分)

茹で豚(P86)……200g
アボカド……1個
貝割れ菜……1パック
みょうが……2個
しょうが……1かけ
ご飯……4膳分
A
- 米酢……大さじ3強
- 砂糖……大さじ1強
- 塩……小さじ½

白いりごま……大さじ1

作り方

1. 茹で豚は食べやすい大きさに切る。アボカドは半分に切って種と皮を取り、ひと口大に切る。貝割れ菜は食べやすい長さに切り、みょうがとしょうがはせん切りにする。
2. 温かいご飯にAを入れてしゃもじで切るように混ぜ、器に盛り、1をのせ、ごまをふりかける。

しそキャベツのコールスロー

材料(4人分)

しそキャベツ(P81)200g
きゅうり……½本
玉ねぎ……¼個
ハム……2枚
塩、こしょう……各適量
A
- マヨネーズ……大さじ2
- プレーンヨーグルト(無糖)……大さじ2
- 塩、こしょう……各適量
- 粒マスタード……大さじ½
- 練乳……大さじ½

作り方

1. きゅうりはせん切り、ハムは細切り、玉ねぎは薄切りにして水にさらしてよく水気をとっておく。しそキャベツは塩少々(分量外)をふり、しんなりさせる。
2. ボウルにAを混ぜ、1と水気をきったしそキャベツを和える。塩、こしょうで味をととのえる。

水曜日

メイン　**塩肉じゃが**
副菜❶　**ブロッコリーとトマたまサラダ**
副菜❷　**たくあん炒め**
　　　　白ご飯

調理時間20分

献立のポイント
調味料がシンプルなので、迷いません!　この肉じゃが、カレーやシチューにも使えます。

塩肉じゃが

材料(4人分)

長持ち塩豚(P86)……200g
スチームポテト(P82)……3個
玉ねぎ……½個
ごま油……小さじ2
万能ねぎ、いりごま、塩……各適量

作り方

❶長持ち塩豚は食べやすい大きさに切り、玉ねぎはくし形切り、スチームポテトは4等分に切る。万能ねぎは小口切りにする。
❷鍋に水1・½カップ(分量外)と塩豚を入れて火にかけ、沸騰したら弱火にしてアクを取り、玉ねぎとポテトを加える。玉ねぎがしんなりしたら味をみて、塩味が足りない場合は塩で味をととのえる。
❸鍋肌からごま油を加え、器に盛り、万能ねぎといりごまをのせる。

ブロッコリーとトマたまサラダ

材料(4人分)

ブロッコリー……1房
ドライトマトのオイル漬け(P83)……10粒
茹で卵……2個
パン粉……¾カップ
マヨネーズ……大さじ8
塩、こしょう……各適量

作り方

❶ブロッコリーは小房に分け、茹でてざるに上げる。茹で卵は粗めのみじん切りにする。
❷ドライトマトのオイル漬けのオイル大さじ2(分量外)をフライパンに熱し、パン粉を入れて弱火で炒める。色づいたら❶の茹で卵を入れてさらに炒める。
❸ボウルに❶のブロッコリー、❷を入れ、マヨネーズ、塩、こしょうを加えてざっくりと和える。
❹器に盛り、ドライトマトのオイル漬けを散らす。

たくあん炒め

たくあんは細切りにし、ごま油で炒める。最後にしょうゆを数滴入れ、少し焦がす。白ごまを入れて混ぜる。

木曜日

メイン　**蒸し鶏のマカロニグラタン**
副菜　**鮭のエスカベッシュ風サラダ**
ミネストローネ

調理時間30分

献立のポイント
グラタンは、小分け皿があればよそう手間も省けますよ。翌日のお弁当にも◎

蒸し鶏のマカロニグラタン

材料（4人分）

マカロニ……200g
簡単蒸し鶏（P87）……1枚分
万能玉ねぎ（P80）……1/3カップ
万能マッシュルーム（P83）……40g
ホワイトソース（P98）……600g
牛乳……適量
パン粉……大さじ2
バター……20g
溶けるチーズ（できれば グリュイエールチーズ）……適量
パセリ……1本
塩、こしょう……各適量

作り方

1. マカロニは塩適量を入れた熱湯で、表示時間通りに茹でる。茹で上がったらざるに上げて湯をきり、好みの油少々で和える。
2. 鍋にホワイトソースを加え、ひと口大に切った蒸し鶏、万能玉ねぎ、万能マッシュルームを加えて火にかけ、牛乳を加えてソースをのばす。
3. 2に1を加え、塩、こしょうで味をととのえてグラタン皿に入れ、チーズを散らし、パン粉をふって小さくちぎったバターを散らす。
4. オーブントースターで8〜10分、こんがりと色づくまで焼き、刻んだパセリをふる。

鮭のエスカベッシュ風サラダ

材料（4人分）

鮭の洋風マリネ（P92）……小8切れ
紫玉ねぎのマリネ（P81）……適量
ケイパー……大さじ1
レモン……1/2個
サラダ菜……4枚
EVオリーブオイル……適量

作り方

1. ボウルに水気をきった紫玉ねぎのマリネを入れ、EVオリーブオイルを加える。レモンは薄切りにする。
2. 器にサラダ菜、鮭（マリネ液の水分はきらなくてよい）、1をのせ、ケイパーを散らす。

ミネストローネ

温めたコンソメスープにラタトゥイユ（P84）を加えて混ぜ、塩、こしょうで味をととのえる。

金曜日

メイン　**鶏チャーシュー雑炊**

副菜❶　**たらことにんじんのサラダ**

副菜❷　**クレソンのごま和え**　　調理時間20分

献立のポイント

冷蔵庫にあるもので作れて、ほっとする味。時間がなくても、贅沢できます!

鶏チャーシュー雑炊

材料(4人分)

鶏チャーシュー(P87)……4切れ
しいたけ……2枚
長ねぎ……1本
簡単! 鶏のUMAMIスープ(P153)……4カップ
卵……2個
ご飯……2膳分
塩……適量
三つ葉……4本

作り方

❶ 鶏チャーシューはひと口大に切る。しいたけは薄切り、長ねぎは小口切りにする。

❷ 鍋に❶と鶏スープを入れ、火にかける。沸騰したら溶き卵を加えてご飯を入れ、サッと混ぜて火を止め、塩で味をととのえる。器に盛り、三つ葉をのせる。

たらことにんじんのサラダ

材料(4人分)

ほぐしたらこ(P91)……大さじ3
にんじん……1本
ごま油……適量
薄口しょうゆ……適量

作り方

にんじんはせん切りにして鍋に入れ、ひたひたの水(分量外)を加えて火にかけ、沸騰したらざるに上げて湯をきる。にんじんが熱いうちにすべての材料をボウルに入れ、よく和える。

クレソンのごま和え

材料(4人分)

シャキシャキクレソン(P82)……2束分
すりごま……大さじ4
砂糖……大さじ1・½
しょうゆ……大さじ1・½

作り方

ボウルに、すりごま、砂糖、しょうゆを合わせておき、クレソンは4cm幅に切り、よく混ぜる。

土曜日

メイン　**鮭と野沢菜の混ぜご飯**
副菜　**春菊と牛のしぐれ煮**
けんちん汁
調理時間20分

献立のポイント
具材の準備さえあれば、混ぜご飯は火を使わないからとっても簡単です。

鮭と野沢菜の混ぜご飯

材料(4人分)

ご飯……4膳分
ほぐし鮭(P91)……大さじ8
野沢菜漬け……大さじ4
ごま油……大さじ1
白いりごま……大さじ2

作り方
ボウルにすべての材料を入れ、しゃもじで切るように優しく混ぜ合わせる。

けんちん汁

材料(4人分)

根菜ミックス(P85)……1カップ
日常だし(P148)……3カップ
豆腐……⅓丁
こんにゃく……⅓枚
塩……小さじ½
みりん……小さじ1
薄口しょうゆ……小さじ½
九条ねぎ……2本

作り方
❶ 豆腐は1.5㎝角に切り、こんにゃくは厚みを半分にし短冊切りに下ゆでする。
❷ だしに❶と根菜を入れ、塩、みりん、薄口しょうゆで味をととのえ、九条ねぎをのせる。

春菊と牛のしぐれ煮

牛のしぐれ煮(P89)に茹でた春菊を加え、簡単甘辛ダレ(P95)を適量加えてレンジで温める。

日曜日

メイン　**パンチェッタのカルボナーラ**
副菜❶　**えびとアボカドのそぼろ和え**
副菜❷　**マッシュルームといんげんのサラダ**　調理時間20分

献立のポイント
家族がそろう週末は、できたてがおいしいパスタや揚げもの。副菜で時短を!

パンチェッタのカルボナーラ

材料(3〜4人分)

スパゲッティ
（またはペンネやフジッリ）……270〜360g
プティサレ(P90)……100g
ベーコンチーズ
クリームソース(P97)……全量
卵……1個
粗挽き黒こしょう……適量
塩……適量

作り方

❶ ボウルに卵を割りほぐし、ベーコンチーズクリームソース、プティサレを入れてよく混ぜる。
❷ 表示通りに茹でたパスタを❶に加えて和え、塩で味をととのえる。
❸ 器に盛って、黒こしょうをふる。

えびとアボカドのそぼろ和え

材料(3〜4人分)

えびのガーリックオイル煮(P93)……4尾
アボカド……1個
レモン汁……大さじ1
塩鶏そぼろ(P88)……大さじ2
ごま油……大さじ1〜2
塩、こしょう……各適量
白髪ねぎ……適宜

作り方

❶ えびは1cm幅に切る。アボカドは1.5cm角に切り、レモン汁をまぶしておく。
❷ ボウルに❶と塩鶏そぼろを入れ、塩、こしょうで味をととのえ、ごま油を回しかける。好みで白髪ねぎをのせる。

マッシュルームといんげんのサラダ

いんげんは塩茹でし、食べやすい長さの斜め切りにする。ボウルに、いんげん、万能マッシュルーム(P83)を入れ、粒マスタードドレッシング(P96)で和える。

Case 3

そもそも料理に自信がない

茹で上手になると、野菜が好きになる！

料理が好き、嫌い以前に、そもそも料理の経験がほとんどないという人もいるかもしれません。カップラーメンを食べる時のお湯は沸かせるけど、野菜の茹で方は知らない。そんな人にまずトライしてほしいのが、「茹でる」作業！「そのくらいは、さすがにできます！」と怒られてしまいそうですが、ハンバーグの付け合わせになるアスパラがふにゃふにゃ、サラダに入れたブロッコリーがなんだか水っぽい……そんな経験はありませんか？　茹でる作業は料理の第1段階だけに、おろそかにできません。単純に見えて、実はコツが必要な仕事なのです。

とくに野菜。鍋に湯を沸かして入れたら、ざるなどで湯きりする（おか上げ）だけ。そう思われがちですが、野菜の種類によっては、水や氷水を張ったボウルに入れる必要があることも。そうすることで、鮮やかになって色止め効果があり、また余熱で火が入りすぎることを防げます。また、湯きりして冷ますおか上げは、甘みと香りを逃さずに、余分な水気も残りません。

野菜ごとの適切な茹で方を知ると、野菜が確実においしくなるし、そうすると、「（この野菜を）どうやって食べたらおいしいかな？」とどんどんポジティブな考えに切り替わっていきます！

色止めする（冷水にさらす）野菜

青菜（ほうれん草、小松菜、春菊など）、オクラ、アスパラ（サラダなどに加える場合）

おか上げにする（水にさらさない）野菜

ブロッコリー、カリフラワー、いんげん、さやえんどう（甘みと香りが生きる）、枝豆、アスパラ（付け合わせや温料理の場合）、もやし、にんじん、じゃがいも、れんこん、ごぼう、白菜、キャベツ

また、茹で方レッスンには続きが。「水から茹でるか、熱湯から茹でるか」とい

う問題です。みなさんはどのようにしていますか？

答えは、シンプル。**じゃがいもやにんじんなど、火の通りに時間がかかる根菜は、水から茹で、すぐに火が通るほうれん草、小松菜などの葉物野菜は熱湯から茹でます**。また、これら緑色の野菜は、塩を入れること。そうすると、緑色の色ツヤが良くなります。

私は中華を作る時は油を控えめにしたいので、青菜もキャベツも、塩のほかに、数滴の太白ごま油を入れた熱湯で茹でます。たったこれだけで、油通ししたように濃厚に！　お弁当のブロッコリーも歯触りが良くなるので、このように仕上げます。

焼く時はとにかく動かさない！

よく、餃子や肉がフライパンにこびりついた経験はありませんか？　**フライパンにこびりついてしまうのは、熱してから油を入れていないことと、油の量が少なすぎること。そして一番のＮＧは、頻繁にひっくり返したり、ちまちまと動かしてし**

まうことなのです。焦げ目が少し付くくらいになると、スルッとはがれます。ちょこまか動かしているとドリップが出てしまい、焦げ付きの原因に。

想像してみてください。焼き肉のタンなんてまさに、焼かれようとしている肉を何度も裏返すことによって、空気に触れすぎて水分が出てしまい、網にこびり付きます。片面じっくり↓裏返してサッと！　とよく店員さんから指示が出るのは、このためなのです。魚の場合は焼く15分前に塩をふり水分を出し、ペーパータオルで吸水してから皮目から焼きます。**身の半分以上に火が通るまで魚を動かさないことも、焦げ付きを抑えるコツです**。

肉や野菜の炒めものを作ることも、家庭ではきっと多いでしょう。でも、何でもかんでもただ炒めては失敗のもと。**火通りやタイミングをちゃんと考えることが大切**。

たとえば、白菜やキャベツの芯など、葉先と根元の食感が異なるものはまずは根元から入れて、やわらかく予熱で火を通しても食べられるものは最後に加えるだけで、ひと味もふた味も違います。私は野菜炒めをする時、「先に入れるもの（固い

根菜や芯)」「中間に入れるもの(きのこやもやし)」「最後に火を止めて加えるもの(葉もの、トッピングのねぎなど)」という具合に下準備をしています。

献立の基本＝「ご飯と汁もの」

この本では、毎日の献立作りを少しでも悩まないために、メインや副菜の発想法やルール、ラクを生み出すレシピをたくさん紹介してきました。ここで、本のタイトルにもなっている「献立」について、今一度考えてみたいと思います。

「献立」というと、おかずとなる「主菜(メイン)」や「副菜」とともに、「ご飯」や「汁もの」をイメージする人が多いと思います。バランスの良い食事として、一汁三菜が理想とされていますが、日によって作るおかずは、三菜も作れず、二菜になったり、炒めものしか作れなかったり、内容が変わることもありますよね。

それでも、**献立になくてはならないものは、「ご飯」や「汁もの」**。どんなにおいしいおかずを作っても、パサパサで冷えたご飯、塩辛くてぬるいみそ汁だったら、そ

れは残念すぎます。
2013年、ユネスコ無形文化遺産にも登録された「和食」。日本人として、その精神をきちんと未来につないでいくために、ご飯やみそ汁から見直してみてはいかがでしょうか。

おいしいご飯が炊けたら一生困らない

白ご飯がないと献立は始まりません！　我が家の夫も子どもも大の白米好きなため、毎日米を炊きます。炊きたてをそのまま味わうのは格別ですし、混ぜご飯やおにぎり、季節の野菜を入れた炊き込みご飯も大好き。気分によって、雑穀米、たまに玄米に変えて変化も楽しんでいます。

米の品種選びも、料理のモチベーションを上げてくれます。スーパーやデパートの米売り場に行ってみてください。私は長野の「五郎兵衛米」を好んでいますが、山形の「つや姫」、魚沼産の「コシヒカリ」や秋田の「あきたこまち」、北海道の「ゆ

めぴりか」や「ななつぼし」、お弁当に向いている「ミルキークイーン」も好き。**米は品種ひとつで、水分やもっちり感、甘みや旨味が全然違うので、料理を考えるのが楽しくなります。**

米の産地や種類にもよりますが、せっかくおいしい米を買っても、下準備や炊き方次第でいくらでも味が変化します。土鍋で炊いても炊飯器で炊いても、下準備次第で米が割れたり、べチャッとしたり……。

ここで、一生迷うことのない（笑）ご飯の炊き方をおさらいしましょう！

おいしいご飯の炊き方

❶ 米を計量する

1合分の計量カップをすりきりで計る（最近人気の無洗米の場合は、無洗米専用の計量カップがあるので注意！）。

❷ 米の表面を一気に洗う

大きめのざる&ボウルに先に水を張り、一気に米を入れてひと回しかき

混ぜ、すぐに水を捨てる。ボウルに米を入れてから水を注ぎがちですが、水がたまる前に米がぬかの臭いを吸収してしまいます。ただし、新米はあまり気にしなくてもＯＫ！

❸研ぐ

新米や精米したての鮮度の良い米はやさしく、鮮度の落ちた古米（1年以上経つもの）はしっかり研ぐ。水をきり、りんごを握るような手で一定方向にかき混ぜる（20回程度）。

❹浸水させる

ボウルに水をたっぷり張り、洗った米を入れる。目安として、夏は30分、冬は1時間ほど。米の芯まで火を通すための大切な作業。

❺炊飯用の水を計量する

浸水後、ざるに上げて水をきり、炊飯器または土鍋に入れて、水を計量する。炊飯器の場合は目盛り通り、鍋の場合は1合に対して1カップ（200㎖）の水が目安ですが、好みで加減を。

❻炊飯する

炊飯器ならスイッチを押すだけ。鍋の場合は中火で5～7分ほど火にかけ、吹きこぼれる直前で弱火にし、10～12分炊く。最後に10秒ほど強火にして火を止める。

❼混ぜて蒸らす

しゃもじを立てて十字に切り込みを入れ、それぞれ底からすくうようにほぐす（米を潰さないように）。炊飯器の場合は内ぶたについた水滴を拭き取る（この作業をすることで水っぽくならず、よりおいしく食べられる）。土鍋の場合はふきんを挟んでふたをし、10～12分蒸らす。

※食べる時の注意

炊飯器の場合はなるべく早く食べきること。保温が長ければ長いほどご飯がかたくなり風味も落ちます。おいしいうちに1膳分ずつご飯用の保存容器に入れ、または2センチ厚さくらいの板状にラップで成形して冷凍します。

※玄米の場合

玄米は両手でこすり合わせるようにしてもみ洗いすること（これが白米と違うポイント）。わざと表面に傷をつけると、水をよく吸ってやわらかく炊き上がります。

浸水時間は、6時間以上が目安。プチプチとした食感がクセになり、よく噛んで食べるので食べ過ぎ防止になるほか、消化吸収も◎。玄米で作る塩むすびやリゾットも最高ですよ！

無頓着だった私が目覚めた「だし」

「だしをとるのって大変！」。私も昔はそう思っていました。節を削って、昆布を丁寧に拭いて、煮干しの下処理をして、水の量に、火加減に、こし方に……。昔通った日本料理教室で、細かすぎる「規則」にウンザリした記憶があります。みそ汁

もこだわるほど好きではなかったし、和食自体にあまり関心がなかったのです。今となっては考えられないけれど……。

スーパーやデパートではしょっちゅう「おいしいインスタントだし探し」をしていた私が、今では「おいしい素材探し」に変わったのは、わが子の離乳食が始まったことがきっかけ。小さな体と、まだ味覚が培われていない純粋な舌。天然の良質な素材を使って、ミネラル、カルシウムなどさまざまな栄養素を摂るためにも、ここは頑張ろう！　と大変さ覚悟でだしとりを始めました。

それからというもの、今までのインスタント生活を後悔。**素材のおいしさを最大限に引き出すだしは、インスタントとは比べものにならないくらいおいしくて、深い。**おかげでみそ汁は大好きになり、いくら忙しい日でも10分使って丁寧にだしをとるようになったうえ、旬の食材を買っては「どうしたらおいしさが引き出せるかしら？」と考えるクセもつきました。

ここでは、我が家でさまざまな料理へ展開する「だし」を紹介します。おだしを思いっきり味わいたいお吸い物や卵焼き、茶碗蒸しには**「極上だし」**。毎日のみそ

汁などあらゆる料理に使える**「日常だし」**。そして、気軽に使える**「魔法の昆布水」**。

みなさんが作りやすいスタイルで、これらをポットに用意しておけば、忙しい朝食やくたくたになって帰ってきた時の晩ご飯でも、体の奥底から「おいしい」と感じられる料理が作れるはずです。

極上だし

展開例 →お吸い物、茶碗蒸し、だし巻き卵、お浸し、うどん、雑炊など

材料（作りやすい分量）

水……1ℓ

昆布……20g

鰹節……30g

（水1ℓに対し、昆布2％、鰹節3％）

1. 昆布は湿らせたキッチンペーパーで表面をサッと拭き、キッチンばさみで5センチ幅に切り込みを入れる。
2. 鍋に水と昆布を入れて（ひと晩おくとなおよい）弱火にかけ、沸騰する直前に昆布を取り出す。
3. そのまま沸騰させ、少量の水を加えたら、鰹節を一気に入れる。
4. 再び沸騰したら火を止める。鰹節が沈みかけたらアクを取る。
5. ボウルの上にざるをのせ、さらしのふきんやガーゼを敷いて静かにこす。ふきんを持ち上げて、雑味が出ないよう絞らず、最後の1滴まで自然に落下させてこす。

日常だし

展開例 →毎日のみそ汁、煮もの、めんつゆ、ポン酢など

材料（作りやすい分量）

水……1ℓ

昆布……5g

鰹節……40g（大きくひとつかみ）

（水1ℓに対し、昆布0・5%、鰹節4%）

❶「極上だし」の❶〜❷と同様にする

❷沸騰したら鰹節を一気に入れて、火を止め、そのまま5〜6分おく。

❸ボウルの上にざるをのせ、さらしのふきんやガーゼを敷いて静かにこす。ふきんを持ち上げて、雑味がでないよう絞らず、最後の1滴まで自然に落下させてこす。

魔法の昆布水

展開例 →湯豆腐、お吸い物、煮浸し、茶碗蒸し、炊き込みご飯、めんつゆやスープが煮詰まってしまった時の希釈に

材料（作りやすい分量）

水……1ℓ

昆布……30g

（水1ℓに対し、昆布3%）

❶「極上だし」の❶と同様にする

❷麦茶ポットなどに水と昆布を入れ、冷蔵庫にひと晩おき、昆布を取り出す。

だし素材の選び方

●**鰹節**↓大袋タイプと、小分け密封タイプがあります。たっぷりだしをとるためには、大袋がおすすめ。食べてみて自分がおいしいと感じるものを選んでください。マグロ節、サバ節でも風味が違うので好みで。一度封を切ると香りが飛ぶので、しっかりと空気を抜いて密閉し、冷蔵庫で保管します。

●**昆布**↓利尻、羅臼、真昆布、日高（三石）がだし昆布として向いています。

利尻は透明色で香りも癖がなく旨味が強く、羅臼は色も香りも強く濃厚、真昆布は上品な甘味があり上品な香りが感じられます。日高昆布はやわらかくて煮えやすく、磯の香りが強いのが特徴です。

※**だしをとった後はどうする……？**

昆布は細切りにして卵焼きや炊き込みご飯に入れたり、しょうゆとみりん、しょうがを加えて佃煮にしたり。和風パスタに入れてもおいしいです。

鰹節はしょうゆやみりん、ごまを合わせてフライパンで炒るか、オーブンでカ

リカリに焼いてポリ袋などに入れてほぐし、ふりかけに。混ぜご飯、おにぎりなどに使えます。野菜の浅漬けにまぶしても絶品！

スペシャルなみそ汁アレンジ

ここでは、みそ汁の具材のバリエーションやアレンジ方法を紹介します。

一般的には、豆腐、わかめ、油揚げ、ねぎ、玉ねぎ、なめこ、大根、じゃがいも、なす、キャベツ……が人気の具材ですが、**いつもと違ったアレンジならスペシャル感が出て、献立作りのモチベーションアップにつながります**。

また、みそ汁は献立で最初に作ることもしばしば。まずはみそ汁をどうするか決めると、そこからメインのおかずがひらめくこともありますよ。何にするか迷ってしまう時は、いつもと視点を変えたみそ汁から、気軽に作ってはどうでしょうか。

いくつか変わり種を紹介します！

みそ汁の具アレンジ

- **そうめん**↓残った素麺を入れるだけ。我が家では定番です。
- **しょうが**↓体の中からポカポカに。寒い季節におすすめ！
- **長いも**↓すりおろしとざく切りを加えて。ネバトロ食感がやみつきに。
- **トマト**↓旨味がアップして、さっぱり味に。
- **水餃子＋酢＋ラー油**↓残った餃子も入れちゃいます。え!?　と思うかもしれないけど、一気にエスニック風になって食べごたえも。
- **豆乳**↓仕上げに豆乳を適量加えるだけ。鮭やすりごまとも相性◎
- **ナンプラー**↓一気にエスニック風に。パクチーやセロリと合います。
- **落とし卵**↓みそを入れる直前に卵を落とし、ふたをして白身が固まったらみそを溶いて火を止める。キャベツやねぎを入れても！
- **チーズ**↓クリームチーズ、モッツァレラ、ピザ用チーズなど、好きなものを最後に加えるだけ。トロッとクリーミーなチーズとみそは相性抜群！　最後にご飯を加えてリゾット風にしても最高です。

●**ツナ↓**ツナの油分をきり、みそを溶く直前に入れます。具材は、じゃがいもや玉ねぎがおすすめ。

ほかに、アボカド、餃子の皮を入れてもおいしいのでお試しください！

鶏スープのすすめ

各家庭で「おふくろの味」は異なると思いますが、私の場合はまさにコレ。実家の母はいつもコトコトと鶏スープを煮ていました。鶏のがらをたっぷり買ってきて、にんじん、玉ねぎ、セロリの葉などを加えて煮た自家製スープは、格別のおいしさ。寒い日に帰ってきてこのスープを飲むと体の芯から温まり、思春期特有の悩みのあった時期は気持ちまで温まったことを覚えています。大学生時代は飲み会から帰ってきた時、二日酔いでぐったりしていた時に何度もこのスープに助けられました。

スッキリしているのに、味わい深くコクがあり、味つけは塩を少々加えるだけ。

そのシンプルさがいいのです。うちの母のように、鶏がらで本格的に作らなくても（余裕のある時にぜひ試していただきたいので、最後にレシピをのせます）、**鶏肉をかぶるくらいの水を加えて火にかけるだけ**なので、だれでも作れて手軽なのも魅力。和風か洋風か迷ってしまう時は、「鶏の手羽先スープ」のレシピを参考にしてみてください。

簡単！ 鶏のUMAMIスープ

展開例 ↓鶏肉を使った料理全般、茶碗蒸し、鶏むね肉はさいて和えものに

材料（作りやすい分量）

鶏むね肉½枚（ささみなら4本）
昆布……15g
水……1ℓ
塩……少々

❶水に鶏むね肉（またはささみ）、塩を入れ、中火にかける。
❷煮立つ直前にふつふつの弱火にし、アクを取り除き5分加熱して火を止め、そのままふたをして冷ます。保存する時は湿らせたキッチンペーパーで表面を拭いた昆布を加える。

鶏の手羽先スープ

展開例 ↓和洋中のめんやご飯もの、煮もの、鍋

に

材料（作りやすい分量）

手羽先10本（手羽元なら8本、もも肉なら2枚）

水……かぶるくらい

洋風の場合→にんじん½本、セロリ⅓本、セロリの葉少々、玉ねぎ1個、にんにく1かけ（好みで）、粒黒こしょう5個

和風の場合→長ねぎ（青い部分）1本分、しょうが（叩く）1かけ分

中華風の場合→長ねぎ（青い部分）1本、にんにく（叩く）½かけ分、しょうが（叩く）1かけ分

❶鍋にすべての材料を入れ、水を加えて塩ひとつまみ（分量外）をふって、火にかける。

❷煮立つ直前にふつふつの弱火にし、アクを取り除く。20分加熱して火を止め、そのままふたをして冷ます。

本格鶏がらスープ

展開例 →そのままスープに、和洋中のめんやご飯もの、煮ものに

材料（作りやすい分量）

鶏がら……2羽分

水……かぶるくらい

洋風の場合→にんじん½本、セロリ⅓本、セロリの葉少々、玉ねぎ1個、ローリエ1枚（好みで）、粒黒こしょう5個

和風の場合→長ねぎ1本、しょうが（叩く）1かけ分

中華風の場合→長ねぎ（青い部分）1本分、にんにく（叩く）½かけ分、しょうが（叩く）1かけ分

❶鶏がらはよく洗い、ぶつ切りにする。

❷鍋にすべての材料を入れ、水を加えてひとつまみの塩をふる。

❸沸騰したら弱火にし、アクを取り除き、2時間コ

トコト加熱して火を止め、ざるでこす。

なお、作る時に気をつけていただきたいのは、鍋の大きさ。

たとえばレシピに「むね肉1枚　水1ℓ」と書いてあっても、大きめの鍋に入れて鶏肉の表面が水に浸かっていなかったら意味がありません。「かぶるくらいの水」がベストです。かぶるくらいとは、ひたひたよりも水加減が少し多く、材料全体の頭が水面から出ない程度に水を入れた状態のこと。なので、肉のサイズに合う、適度な大きさの鍋を使ってくださいね。

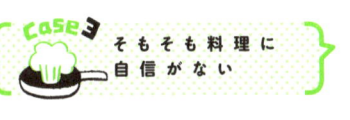

調味料は6種類を厳選する

ご飯作りに慣れてきたかなと思ったら、自分が信頼できる調味料も見つけましょう。**良い調味料があれば、腕に関係なく、料理が格段においしくなります！**

ここで必要なのは、調味料を選ぶ目のみ。手間ひまかけて念入りに造られた調味

料は、値段が張るものもあれば、そうでないものもあります。そこは家計のバランスを見てチョイスすべきところですが、やはり**「本物を見極める目（知識）」**が一番と思います。

私たち日本の家庭料理に必要な調味料は、ずばり6つ。「塩」「しょうゆ」「砂糖」「酢」「みそ」「みりん」です。

すでに台所にあるという人も多いとは思いますが、それぞれ選び方の視点を変えてみてはどうでしょうか？　お気に入りのものを使い続けるのには絶対の安心感と信頼感がありますが、もっと好きなものが見つかるかもしれないし、時に冒険も必要と思って、おいしい調味料探しは私の趣味として続けています。まずは、次に挙げる基本の6つの調味料をきちんと厳選してみてください。

塩

塩で料理が決まります。機械で精製された塩はなんといっても安価で、サラサラで食材にふりやすいのですが、舌がビリビリとしびれるようなしょっぱさが目立ち

ます。加減によっては、食材本来の持ち味を殺してしまうことも。「塩分を控えましょう」とよく聞くのは、精製塩をさしている話がほとんど。

一方、海水から造られた塩や、岩塩層からとられた塩には多種類の天然のミネラルがいっぱい。以下に挙げる塩がおすすめです。

また、**海塩は日常料理全般に、岩塩は肉などのこってり濃厚な料理に使い分けます。**

● **「シママース」&「伯方の塩」**↓**野菜の塩茹で、下ごしらえ**など、気軽に使う時の基本です。どちらも安価なのでたっぷり使えます。

● **ゲランドの塩**↓レストランや料理人に愛用されており、味にまろみがあり、深い味わいが特徴。お使いの塩に、コレを使い分けるだけでも料理上手の味に！　**焼きものや炒めもの**など、最後にサッとふる時に。

● **マルドン　シーソルト**↓特徴は粒の大きさ。結晶のように美しく、サクサクと歯ごたえもあるので、**サラダや肉・魚の仕上げに**ふりかけて食感も楽しめます。

しょうゆ

普段あまり気に留めないで使っている人に、ぜひお伝えしたいのですが、造り手がこだわりを持って造ったしょうゆの一滴一滴には、個性や特徴があります。

まずは、しょうゆの種類によって使い分けてみませんか。しょうゆは日本農林規格（JAS）により、以下の5種に分類されます。

●**濃口しょうゆ**↓一番ポピュラーで、レシピにしょうゆと書かれている場合は、濃口しょうゆを指します。その消費量は8割超。**煮もの、つゆなど料理全般に。**

●**薄口しょうゆ**↓製法は濃口しょうゆとほぼ同じですが、「薄口」は塩分の薄さではなく、色が薄いということ。塩分は濃口しょうゆより約1割高めなので注意が必要です！　色や香りを抑えて造られており、熟成期間もやや短め。**お浸し、含め煮や炊き合わせ、関西風つゆなどに。**

●**溜まりしょうゆ**↓とろりとしてコクがあり、他のしょうゆと比べて色も濃く、独特の香りが特徴です。照り焼き、煮ものなど「照り」と「コク」を出す料理にお

すすめ。また**刺身**などのつけしょうゆとしても最高です。

● **再仕込みしょうゆ**↓こってりしていて、色も味も濃厚なしょうゆです。「再仕込み」という名前のとおり、生しょうゆに再び麹を入れて、二度仕込んででき上がります。つまり、2倍近い手間と原料がかかり、比較的高価。つけ、かけしょうゆとしてとてもおいしく、**刺身や寿司**におすすめ。

● **白しょうゆ**↓薄口しょうゆよりもさらに淡い琥珀色をしている。大豆よりも小麦が多く使われており、糖分もほかのしょうゆより高く、香りも独特です。だしとの相性が良く、**卵焼きや茶碗蒸し、お吸い物など**に適しており、**料理の隠し味**によく使われます。

また、しょうゆを選ぶ時には、原材料をよくチェックしてください。**「本醸造」、「(丸)大豆」使用・無添加を選ぶこと**。安価なものは、アルコールや保存料、甘味料など添加物を使用している場合があり、料理の味つけがぼんやりする原因に。

品名	こいくちしょうゆ（本醸造）→**「混合醸造」はできれば避けましょう**
原材料名	大豆（遺伝子組換えでない）、小麦、（水）食塩→**見慣れない材料がないか、注目！**
内容量	●ℓ
賞味期限	右下に記載
保存方法	直射日光をさけて常温で保存して下さい（開栓後、冷蔵庫という場合も）
製造者	株式会社□□□□　東京都○○○○○○○

そして併せて注意していただきたいのが、保存方法。**しょうゆは空気に触れると酸化が進み、色が濃く黒ずんできて本来の風味はなくなってきます。**直射日光は一番避けたいので、調味料を窓辺に並べている人は直ちにやめ、冷蔵庫に入れましょ

う。栓を開けたしょうゆは、ふたをきちんと閉めるのはもちろんのこと、冷蔵庫に保管し、賞味期限内に使いきれるように。少人数の家族の場合は、できるだけ新鮮さを味わうために、小さいボトル（３６０mℓなど）で購入するのも賢い選択です。

砂糖

最近、砂糖といえば、白いサラサラしたものより、精製されていない茶色い砂糖を選ぶ人が増えてきたように感じます。ですが、白砂糖にもぴったりの料理があるので、やはり特徴を把握しておくことが大事。

日本は嬉しいことに、砂糖がたくさん選べるという贅沢さ。以下に紹介するすべてをそろえる必要はありませんが、自分がおいしいと感じる好みの種類を使い分けるだけで、グッと料理の幅が広がりますよ。

● **上白糖**↓どこのスーパーにも売っている一般的な砂糖で白砂糖とも呼ばれています。しっとりとしたソフト感。しっかりとした甘さをつけたい料理に。

● **グラニュー糖**↓上白糖より結晶の粒が大きいため、とてもサラサラしています。**お菓子やジャム作り**に最適です。

● **三温糖**↓上白糖に比べ、わずかながら純度が低く特有の風味と色（黄褐色）、そして独特のコクを持っています。主に**煮ものの料理**に使われます。

● **てん菜糖**↓てん菜（ビート・砂糖大根）は腸の働きを活発にする天然のオリゴ糖がたっぷり含まれている、お腹にやさしい砂糖です。まろやかな風味で**あっさりとした味つけの料理**に。

● **きび砂糖**↓しぼりたてのサトウキビ汁で造られているので、本来の風味が生きています。**煮ものや魚料理**に使うと、素材の臭みが和らいでおいしくなります。

● **黒砂糖**↓主に沖縄にあるサトウキビから造られます。コクが深く、かたまりをそのままおやつとしてもいただけます。**お菓子や風味を生かしたい煮もの**に。

酢

私は酢が大好きで、その消費量はけっこうなもの。酸っぱいものが好きというよ

りは、味をマイルドにさせてくれ、旨味や風味が引き立つからです。

酢は酒のあるところに生まれるため、世界の各地で醸される酒を原料に何百、何千種類もあるといわれています。イタリアのバルサミコ酢や中国の黒酢、ワインが造られる国（主に欧米）ではワインビネガーも主流です。日本では、日本酒から作られる米酢が代表的。世界の料理を思い出しながら使い分けられるようになったら、相当な料理上手になることでしょう。

※穀物を原料とした酢

● **米酢**↓米の甘みと旨味を生かしたまろやかな味わいが特徴。国産米だけで作ったものは純米酢と呼ばれ、まろやかでコクがあります。**酢のもの、合わせ酢、ドレッシング、マリネなど。**マイルドな「千鳥酢（村山造酢）」を愛用しています。

● **穀物酢**↓小麦などの穀物が主原料のすっきりとした味わい。米、酒粕、麦、トウモロコシ、豆、サトウキビなどが原料です。原料から酒を造る代わりに醸造用アルコールを添加することが多く、安価で手に入ります。あらゆる料理に使えます。

● **黒酢**↓黒砂糖のような自然な甘みと深いコクが特徴。煮ものに加えるとまろやかになります。「真黒酢（ヨコ井）」を使っています。中国の黒酢（「鎮江香醋」）は、日本の黒酢とは別物。香りもコクも濃厚で、**酢豚の味つけや餃子、シュウマイ、炒めもの**に使うと驚くほど本格的な味に！

※ぶどう果汁を原料とした酢

● **ワインビネガー**↓ぶどう果汁が主原料のフルーティな香りが特徴。ワイン同様赤と白の2種類があり、肉は赤、魚は白に合うことが多いです。洋風の料理によく合い、**ドレッシングやマリネ**に使われるほか、**煮込み料理の隠し味やソース**にも用いられます。「マイユ」のものを愛用中。

● **バルサミコ酢**↓ぶどう果汁が主原料で、豊かな香りと深みのある味が特徴。ワインと甘みの強い白ぶどう果汁を煮詰め、長期にわたって木の樽で熟成させたものです。香りが高く、まろやかな甘みがあるので、**ソースやドレッシング、マリネ**に入れると味を強く引き立ててくれます。白ぶどうで造ったホワイトバルサミコ

酢も**白身魚のカルパッチョ**に合いますよ。

みそ

実は昔からみそ嫌いの実家の母の影響もあり、みそ味が苦手だったのですが、料理を勉強してからみそが大好きになりました。勉強で食べ歩いた日本料理店。とある店で、最後に出てきた豆腐だけ入った赤だしのみそ汁。そのシンプルで香りと味わいの深いこと……。この一杯が、私のみそ嫌いを変えてくれました。

夫の出身は九州。実家に訪れた時は麦みそのみそ汁が出てきます。あえてすべてこさず、つぶつぶの麦の口当たりとさっぱりとした味が印象的でした。我が家で使っているみそは、そんな九州の義理の母から送っていただいているものを主にみそ汁に使っています。地域によっても特徴の大きく異なるみそ、その歴史は深いもの。出身の地域のみそはもちろん、旅先のみそを探して試すのも楽しみです。

● **米みそ**↓原料は米・大豆・塩。白みそも米みその一種。信州みそ、西京みそ、仙

台みそ、津軽みそ、加賀みそ、府中みそなど。

● **麦みそ**↓原料は麦・大豆・塩。主に中国・四国・九州を中心に生産されています。

● **豆みそ**↓大豆・塩。中京地方を中心に生産されています。八丁みそ、三州みそ、名古屋みそなど。

● **調合みそ**↓上記のみそや麹をブレンドしたもの。赤だしは豆みそをベースに米みそをブレンドした調合みそ。

地域や原料の違いでなく、一番わかりやすいのは色で分類することです。料理の際、使い分けの参考にしてください。

● **淡色みそ**↓赤と白の中間の色と味。味も甘口から辛口までさまざまですが、市販される多くのみそが淡色にあたります。レシピでも、特に記載がない場合はこちらを使用しています。**どんな具にも合います**。

● **赤みそ**↓塩分高めで色も濃いです。熟成期間も長くコクがあるので、赤だしの**み**

そ汁やみそ煮込みうどんのほか、デミグラスソースや煮込みハンバーグのコクや深み出しにもおすすめです。腸のためにも朝食に。肉や貝類に合います。

- 白みそ↓塩分少なめで甘めなので、酢みそ和えや田楽、寒い日のみそ汁、白みそグラタンやシチューなど、クリーム系のものに合います。安眠のためにも夕食に。野菜や魚に合います。

みりん

甘みとコク、照りを出すうえで欠かせない、和食の要の調味料です。ですが、みりんも、種類はさまざま。どのような違いがあるのかご存じですか？　みりんの効果を最大限に料理に生かすためにも、まずは本物のおいしい「伝統的製法の本みりん」を使用してください。

- 本みりん↓伝統的な製法で造られた本みりんは、本格焼酎に蒸したもち米と米麹を加え、じっくりと熟成して造られます。さわやかな甘み、そして作為的でない

自然の香りと旨味があり、そのまま飲んでも十分においしいです。その分高価ではありますが、私はランチを1回お弁当に替え、ペットボトルやコーヒーを2日買うのをやめて、その分おいしい本みりんを買いたいと思っています！

●**みりんタイプ**↓原料は「もち米、米麹、醸造アルコール、水飴」と、本みりんと近いのですが、一番の特徴は、食塩を2％前後添加し、酒として飲めない不可飲処理をしているということです。酒税法の対象から除外されるため、安価で手に入りますが、本みりんに比べて風味がやや劣り食塩が入っているため、料理の時の塩加減に注意が必要です。

●**みりん風味の調味料**↓その名のとおり、みりん風味なのですが、本来のみりんとは別物。アルコール度が1％未満とほとんど含まれないため、酒税法対象外となり、また熟成しなくてよいため安価で手に入ります。ブドウ糖液、旨味調味料、酸味料、香料など添加物を加えて合成して作る独特の甘さがあり、本みりんのように魚などの生臭みを消す効果はあまり期待できません。

みりんと砂糖の使い分け

みりんは甘さ、照りをつけ、砂糖よりも深みがあります。砂糖はストレートな甘みがありますが、みりんにはブドウ糖やオリゴ糖など多種類の糖が入っているため複雑な甘み。

砂糖は先に入れないと味が染み込みにくくやわらかくなりませんが、みりんは素材を引き締める効果があるため、砂糖と同様に先に入れると材料がかたくなり、味が染み込みにくくなってしまいます。**みりんは、最後に回し入れて照りとツヤ、甘み、コクを出していきます。**しょうゆと合わせた煮もので比較すると、照りとツヤは砂糖に比べて一目瞭然、倍近く美しく仕上がりますよ！

※最後に加えると言いましたが、例外も。煮魚の場合はタンパク質を固め、煮崩れを抑えるほか、消臭効果があり生臭さを抑えるので最初に加えましょう。

料理上手は油使いがシンプル

スーパーに行くと油だけでも何十種類と売っており、何をどのような料理に使っていいのか、どうやって選べばいいのかわからないという人も多いと思います。美容雑誌を見ていると、流行のココナッツオイルや亜麻仁油はじめ、アボカドオイル、インカインチオイルなど、原料、国、種類、香り、用途、美容成分、体への影響も多様です。

私もいろいろ試してみるものの、やはり料理によって独特の香りやクセが出てしまい、使いきれたことはありません。台所の収納スペースを考えても、たくさんの油をストックしておくのは難しいですよね。

そこで、私は**週に2、3日、必ず使う油だけ残す**ようにしました。家ではオリーブオイル・ごま油・米油。たったこの3種類しか使用していません。これだけで、十分においしく、健康的な食生活が送れるのです。もちろん家族構成や生活環境、味覚、好みなど、人によってさまざまなので、参考までに。

用途としては下記のとおり。

❶**オリーブオイル**（ピュア・EV）→洋食、パスタ

❷**ごま油**（太白・香りのあるもの）→和食、中華

❸**米油**→揚げもの

● **オリーブオイル→加熱をする時は「ピュアオリーブオイル」、生食の時は「エクストラバージン（EV）オリーブオイルを使っています。**

EVオリーブオイルは、まさに一番搾りのオリーブジュース。そのまま味わってもフレッシュで香りが良く、コクのある濃厚な味わいです。その分、熱に弱いので、せっかくの良い香りが加熱することにより飛んでしまい、香りや味わいは濃いものの、苦みに変化してしまうことに。炒める時やちょっとした洋風の揚げもの（フリットなど）にはピュアオリーブオイルを使いましょう。

● **ごま油→**こちらもオリーブオイルとまったく同じ。**加熱用には透明の太白ごま油。**

生食用には、茶色いごま油と使い分けています。太白ごま油は、ごまを生のまま低温で圧縮しているので色や香りがほとんどなくサラリとしており、熱に強く栄養価も高いのが特徴。卵焼きや和風の炒めものはこちらを使用しています。

一方、茶色いごま油は炒ってから絞るため、香りとコクが生きています。炒めものの仕上げは「火を止めてから」が基本。かけて、つけておいしいのは茶色です。

●**米油↓**高温に強いので、主にから揚げや天ぷらなどの揚げもの用に。子どもに食べさせることを考えて、家では安価なサラダ油はすすんで使用しないようにしています。米油は国産の米ぬかを原料としているので、遺伝子組み換えの心配がなく、劣化もしにくいので安心して使えます。

買ったきりの調理道具を見直す

人生で最初に買ったきりの切りにくい包丁、形が変形して使いにくいざる、変色

したまな板、嫁入り道具にと譲り受けたボロボロで年季の入った器具たち……。まずは見直してみませんか？

使いにくいものや見ていてテンションが下がるものは、ハッキリ言いますが、すぐに捨てましょう！　調理道具は使いやすいのが一番。そして見た目も含め、モチベーションが下がるものはキッチンには必要ありません。テンションが上がるほど可愛らしいものは、使用した経験上使いづらいことが多いので、**とにかく使いやすく、飽きのこないシンプルなデザインのものがおすすめ**です。

あとは、洗いにくさもテンションを下げる原因のひとつ。

ミキサーは分解できたり、ゴムべらも一体になっているものを選んだり、奥まで届く形状になっているか、フライパンはこびりつきにくいか？　熱の通りはいいか？　おたまは、注ぎやすい？　菜箸は持ちやすい？

ご自分の調理器具を全部出して、今一度向き合って見てください。

包丁は、料理人の命です。厨房ではみんな「マイ包丁」を使用しており、切り方も研ぎ方も個人によりクセが出るため他人には一切触らせません。

包丁の切れ味は、味にきちんと反映します。切れない包丁は繊維を叩き潰すため、本来野菜の持っている食感や味を損ないます。玉ねぎで涙が出るのもこのため。切れ味の良い包丁は刺激成分が飛ばず、スパッと切れるので涙は出にくくなります。本当は砥石で研ぐのが一番ですが、これが難しい……。私のいた料理専門学校では入学後、2か月みっちりと包丁研ぎのレッスンがあったほど。

お使いのメーカーに研ぎに出したり、包丁研店を検索したり、一度プロに頼むとしっかりと刃がつきます。また、近頃のシャープナーは性能が良いので、切れ味もバツグンに良くなりますよ。切れる包丁を使う。これだけで、あなたは料理が楽しくなり、グッとおいしくなるはずです。

それでもダメなら、朝食だけ気合を入れる

SNSで、芸能人や有名ブロガーの食生活が簡単に見れる時代になりました。

「朝ご飯」としてブログタイトルに挙げた記事には、ホテルの朝食バイキングのよ

うにさまざまなカットフルーツが並べられ、スクランブルエッグに、フレンチトースト、サラダに、ヨーグルトに、ベーコン。自分の朝食と比べて、あまりの差にため息が出たり、子どもに対して罪悪感が生まれてしまったり。「なんて自分はできない母親なんだろう……」と自己嫌悪になる人もきっといるのではないかと思います。

一日三食しっかり摂って、かつそれぞれが栄養バランスの良い食事というのが理想的ではありますが、いきなりすべてをこなすのは難しいかもしれません。**朝食タイムは一日の始まり、まずは朝食から自信をつけてみませんか？**

といっても、ただでさえ忙しい朝の時間。「何にしよう？」「今日も朝食を満足に作れなかった……」。その迷いやネガティブ思考が、朝のイライラに繋がるのであれば、**ぜひパターン化**

パターン化しておくと、朝食用の買い物でも迷いません。

してみてください。とてもラクな気持ちで料理ができ、楽しく食べる雰囲気が見えてきます。

我が家の朝食パターンを紹介します。「コレだけ？」と思うかもしれませんが、コレで十分。

❶**基本和食セット**↓納豆＋ご飯＋卵焼き＋焼き魚（ウインナーでも）＋果物

❷**基本洋食セット**↓パン＋目玉焼き＋ウィンナー＋ブロッコリー＋トマト＋牛乳

❸**おにぎりセット**↓鮭おにぎり＋豆腐とわかめのみそ汁＋茹で卵＋ヨーグルト

❹**サラダセット**↓ハム野菜サラダ＋パン＋茹で卵＋牛乳（ヨーグルトでも）

❺**ホットサンドセット**↓ハムチーズレタスホットサンド＋果物＋バナナミルク

❻**シリアルセット**↓ヨーグルト＋フルーツ入りシリアル＋青汁

❼**肉まんセット**↓肉まん＋豆腐とわかめのみそ汁＋青汁ミルク

これなら簡単ですぐに取り入れることもでき、毎朝悩むこともありません！　ま

ずは無理なく、「これならできるかも」と思ったセットメニューから始めて、体にも心にも嬉しい朝食が摂れますように！

あとがき

最新の発表では、日本人の平均寿命は、男性が80・5歳、女性が86・83歳（※1）。

「人生80年」という言葉はこの平均寿命からきたものですが、50年前の日本人男性は67・67歳、女性は72・87歳と10年以上短く、驚くべき飛躍がありました。

それにともない、もう一つわかる事実があります。

それは、〝私たちが台所に立つ時間や家事を営む年月が延びた〟ということ。寿命が10年長くなれば、私たちはその分、食事や生活を続けるための行動が必要になります。

「ご飯を作ることは苦手」とネガティブな感情でいると、生涯の長い間、料理を「こなす」ことで精一杯で、追われているような気持ちで毎日過ごすことになります。

一方、「ご飯を作ることは楽しく、やりがいもある！」とポジティブな感情で台所に立てれば、自分も家庭も明るくなり、献立作りが楽しく、幸せな食事が毎日やってくるのです。

これから先のあなたのご飯作り、どちらがいいですか？

自身のライフステージや時代によって、お金や時間の使い方も、食べ物の好みも変わってくるので、それぞれに合った方法があることも確か。最初から段取りよく、テキパキと家事や台所仕事をこなせる人はそうはいないと思います。失敗は成功のもとと言いますが、私は失敗したら喜ばしいことだと捉え、

「どんな暮らしがしたいのか？　どのようなご飯を作って食卓を囲みたいのか？」

と考えるようにしています。なぜなら、それが理想に一歩近づくための必要なステップだからです。**失敗を生かして、成功に繋がる道が見えた時、毎日はどんどん良い方向へ向かいます！**　献立作りも、調理も、台所仕事全般も、「私には無理だ」と決してあきらめないでください。**楽しみを見つけながら、ていねいに、一生懸命やれば、絶対に大丈夫。**

みなさんの献立を立てるハードルが下がり、そして毎日の食事が楽しいものになりますように！　この本がみなさんの役に立てたら、こんなにうれしいことはありません。

マガジンハウスの和田さんはじめ、デザイナーの原田さん、イラストレ

ーターの前田さん、カメラマンの曽根川さん、この本に関わってくださったすべての皆様に深く御礼申し上げます。そしてこの本を読んでくださったあなたに、ありがとうございました！

高木ゑみ

※1　2014年　厚生労働省　平均余命の年次推移

182

メインおかず最強シート

調理法／部位	豚肉					鶏肉				その他		
	ロース・肩ロース	ヒレ	バラ	もも	挽き肉	手羽元・手羽先	むね・ささみ	もも	挽き肉	合挽き肉	こま肉	ハム・ソーセージ
生（そのまま）												
茹でる・蒸す												
炒める・焼く												
煮る												
揚げる												

詳しくは、P20へ！

	牛肉					魚						
調理法／部位	ロース・肩ロース	サーロイン・ヒレ	すね	もも・バラ	挽き肉	鮭	イワシ	アジ	サバ	ブリ		
生（そのまま）												
茹でる・蒸す												
炒める・焼く												
煮る												
揚げる												

高木ゑみ

料理家。慶應義塾大学卒業。イギリス、オーストリア、アメリカへの留学をきっかけに世界各国の料理に出合い、料理の道に。数々の厨房で修業を積んだのち、エコール辻東京フランス・イタリア料理マスターカレッジを卒業。中目黒で料理教室を主宰する。著書に『考えない台所』（サンクチュアリ出版）などがある。

もう献立《こんだて》に悩《なや》まない

2016年7月7日　第1刷発行

著　者　高木ゑみ
発行者　石崎孟
発行所　株式会社マガジンハウス
〒104-8003 東京都中央区銀座3-13-10
書籍編集部 ☎03-3545-7030
受注センター ☎049-275-1811
印刷・製本　株式会社リーブルテック

ISBN978-4-8387-2861-9 C2077

マガジンハウスのホームページ
http://magazineworld.jp/